초등학교 선생님들이 들려주는
세상을 바라보는 **바른 눈**

초등학교 선생님들이 들려주는
세상을 바라보는 **바른 눈**

초판 1쇄 인쇄 _ 2022년 12월 15일
초판 1쇄 발행 _ 2022년 12월 20일

지은이 _ 권유지, 이연화, 조선순, 최문희
그린이 _ 박시원
기획 _ 최문희

펴낸곳 _ 여우고개
펴낸이 _ 박관이
책임 편집 _ 김태윤
책임 디자인 _ 이민영, 이정은

ISBN _ 978-89-92855-49-5 73030

등록 _ 1999. 04. 16 | 제2-2799호

서울시 영등포구 선유로49길 23 아이에스비즈타워2차 1005호
편집 02)333-0812 | 마케팅 02)333-9918 | 팩스 02)333-9960
이메일 bybooks85@gmail.com
블로그 https://blog.naver.com/bybooks85

책값은 뒤표지에 있습니다.
여우고개는 아이들이 잃어버린 상상의 세계, 사회를 깊이 바라보는 창입니다.

어린이제품 안전특별법에 의한 표시사항
제조자명 여우고개 제조국 대한민국 사용연령 10~15세 제조년월 판권에 별도 표기
주소 서울시 영등포구 선유로49길 23 1005호 연락처 02-333-0812
⚠ 주의사항 책 모서리나 종이에 긁히거나 베이지 않게 조심하세요.

초등학교 선생님들이 들려주는
세상을 바라보는 바른 눈

윤리 · 과학 · 심리 · 경제

권유지, 이연화, 조선순, 최문희 지음 | 박시원 그림

여우고개

프롤로그

세상이 궁금한 아이들을 위해
준비했어요

예전에는 텔레비전 채널이 몇 개였는지 알고 있나요?

여러분의 부모님께서 어렸을 때, 텔레비전 채널이 몇 개였는지 알고 있나요? 한 10개 정도 되었을까 짐작할지 모르지만 그것보다 더 적었습니다. '설마?'라는 생각이 들면 어른들께 정말로 여쭤보세요. 예전에는 몇 개 되지 않는 텔레비전 채널과 책, 신문, 잡지를 통해 정보를 얻었습니다. 그러나 요즘은 너무나 많은 텔레비전 채널, 책, 신문, 잡지뿐만 아니라 유튜브 동영상, SNS, 검색 포털 등을 통해 정보를 쉽게 얻을 수도 있고, 줄 수도 있습니다.

이 세상엔 정보가 너무 많습니다

끝도 없이 돌아가는 텔레비전 채널처럼 정보가 넘쳐납니다. 한때 지식이라고 불리는 것들도 10년이 채 되지 않아 옛것이 되어버립니다. 새롭게 지식을 만들어내는 것도 중요하지만, 지식을 스타일링 하는 것도 중요합니다. 옷장에 가득 들어 있는 옷 중에서 가장 어울리고 필요한 옷을 골라 입는 것처럼, 쏟아지는 지식 중 가장 적

절한 지식을 골라내는 요령이 필요합니다.

지금 이 순간에도 끊임없이 변화가 일어납니다

학교에 가지 않고 수업을 듣는 것을 상상해보았나요? 2019년도에는 코로나-19로 인해 모든 학교가 문을 닫고 원격 수업을 했습니다. 코로나-19는 선생님들에게도 큰 혼란이었어요. 처음 겪는 원격 수업을 어떻게 준비하고 진행해야 할지 몰랐으니까요. 교육계의 대혼란 상황에서도 발 빠르게 움직이는 선생님들이 있었어요. 이런 선생님들은 다른 선생님들께 원격 수업을 어떻게 하는지 가르쳐주었습니다. 그런 준비된 선생님들에겐 코로나-19 시대가 또 다른 기회의 시간이 되었어요.

위기를 기회로 바라보는 사람들이 있습니다

위기를 기회로 바라보는 사람들은 어떤 사람들일까요? 바로 끊임없이 궁금해하고 답을 찾아가는 사람들이에요. 이런 사람들은 세상을 바라보는 또 다른 눈을 가지고 있습니다. 이 눈은 세상의 위기와 어려움 앞에서 내가 해야 할 일과 내가 서 있을 자리를 똑똑히 볼 수 있는 눈입니다. 어려움 앞에서 흔들리지 않도록 세상을 해석하는 눈이 남다른 것입니다.

새로운 변화 앞에서 굳건하고 따뜻하게 설 수 있는 어린이들이 되어야 합니다

세상은 어른만의 것이 아니에요. 우리 어린이들도 나름의 생각으로 느끼고 판단합니다. "나중에 크면 알게 돼. 어린이들은 몰라도 돼." 이런 말은 세상의 주인으로 어린이를 바라보는 게 아니에요. 어린이도 지금 당장 알아야 해요.

어린이의 바른 성장과 삶에 대한 따뜻한 시선을 위한 길잡이가 되어줍니다

세상의 주인인 어린이들이 삶을 따뜻하게 바라보고 바르게 나아갈 수 있도록 《초등학교 선생님들이 들려주는 세상을 바라보는 바른 눈》을 썼어요. 이 책은 어린이들이 세상을 위기가 아닌 기회로 바라볼 수 있는 눈을 뜨게 해줄 것이라 기대합니다.

어린이들의 궁금증으로 시작한 책입니다

4명의 초등학교 선생님들이 어린이들이 궁금해하는 것에 대해 이야기를 해주는 책입니다. 지금 이 시대 어린이들의 입에서 나올 만한 궁금한 내용을 주제에 따라 묶었습니다. 간혹 주제와 어울리지 않은 궁금증이 있을 수 있으나, 책을 끝까지 읽어보면 그 안에 담긴 진실을 마주할 수 있습니다.

이 책은 정답이 아닙니다

세상은 몇 쪽의 글로 정답을 찾을 수 있을 만큼 단순하지 않아요. 이 책을 읽으면서 어린이들은 계속 생각을 하게 될 겁니다. '이게 맞나?', '나는 이게 옳다고 생각하는데?' 이런 생각들이 여러분을 바른 길로 나아가게 할 겁니다. 마지막 판단은 여러분께 맡

깁니다.

이 책은 다양한 이야기를 담았습니다

융합인재교육, 범교과 학습 주제, 민주시민교육, 디지털리터러시 함양교육, 생태감수성교육 등 많은 것이 녹아 있는 책입니다. 그렇지만 어렵지 않습니다. 다양한 사례와 친절한 설명이 함께합니다. 교과서에 다 담지 못한 내용이 여기에는 담겨 있습니다. 교과서를 공부하다가 궁금한 게 생기면 이 책을 펼쳐보세요.

여러분들을 응원합니다

세상의 중심에서 바르게 서 있는 든든함을 가지길 바라는 최문희 선생님과 세상을 품어주는 따뜻한 마음을 가지길 바라는 이연화 선생님과 세상을 이끄는 용기를 가지길 바라는 조선순 선생님과 세상을 이해하는 빛나는 지혜를 가지길 바라는 권유지 선생님이 여러분을 응원합니다!

차례

프롤로그 세상이 궁금한 아이들을 위해 준비했어요 •004

1. 옳음을 따지는 바른 눈 _ 윤리

노력과 경쟁 올림픽 은메달은 금메달보다 가치가 없는 것일까요? •012
세대 차이 앞머리 헤어롤이 부끄럽나요? •024

🔍 **인물탐구** 이 시대의 언론인 _ 김종백 •034

2. 지구를 살피는 똑똑한 눈 _ 과학

AI와 협업 인공지능이 우리를 지배할 수 있을까요? •042
게임과 인간성 마인크래프트는 착한 게임인가요? 나쁜 게임인가요? •054

🔍 **인물탐구** 이 시대의 과학자 _ 이효녕 •064

3. 사람을 이해하는 착한 눈 _ 심리

자존감 한정판 운동화를 사면 잘난척쟁이인가요? • 074
다양성 좋은 성격과 나쁜 성격이 따로 있나요? • 084
🔍 **인물탐구** 이 시대의 심리학자 _ 임소연 • 096

4. 경제를 파헤치는 날카로운 눈 _ 경제

과학의 이면 도대체 비트코인이 뭐예요? • 104
배달 알고리즘 로켓 배송은 어떻게 그렇게
　　　　　　　　빠르게 도착할 수 있나요? • 116
🔍 **인물탐구** 이 시대의 경영자 _ 김형수 • 128

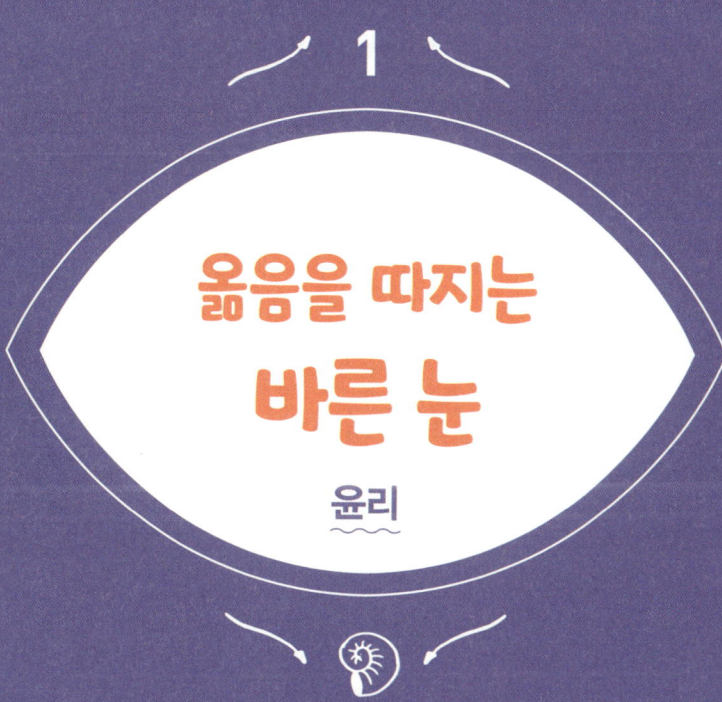

노력과 경쟁

올림픽 은메달은 금메달보다 가치가 없는 것일까요?

?

Q 올림픽의 은메달은
금메달보다 가치롭지 못한 것일까요?

2021년에는 일본에서 2020 도쿄 하계올림픽이 열렸었고, 2022년에는 중국에서 베이징 동계올림픽이 열렸어요. 우리나라 선수들도 많이 나가서 열심히 경기에 임해 메달을 따기도 하고 따지 못한 종목도 있었어요.

그런데 주변에서 금메달을 따지 못한 선수를 원망하고, 은메달을 딴 선수들이 최선을 다하지 않았다고 탓을 하는 사람들도 있네요. 열심히 노력해서 딴 메달인데, 은메달은 금메달보다 가치가 떨어지는 것일까요?

우리나라 하계올림픽 메달의 역사

우리나라의 첫 하계올림픽 메달을 누가 땄는지 알고 있나요? 대한민국의 이름으로 딴 첫 올림픽 메달은 1948년 영국 런던 하계올림픽 역도 종목에서 김성집 선수가 딴 동메달이었습니다.

그런데 김성집 선수보다 먼저 딴 메달이 있습니다. 바로 1936년 독일 베를린 하계올림픽 때 마라톤 손기정 선수의 금메달과 남승룡 선수의 동메달이었습니다. 여러분도 아시다시피, 이 두 선수는 일제 강점기에 출전한 대회라 대한제국_{대한민국}이 아니라 일본 선수로 참가를 했습니다. 참으로 슬프고 안타깝네요. 그래도 우리나라를 향한 마음으로 한 발 한 발 내딛은 선수들이었다는 것을 잊지 않아야겠지요.

손기정 선수의 금메달을 제외한 우리나라 첫 번째 금메달은 캐나다 몬트리올 하계올림픽에서 양정모 선수가 레슬링 종목에서 딴 금메달이 처음이었습니다.

> **2020 도쿄 하계올림픽**
>
> 도쿄 하계올림픽은 원래 2022년에 도쿄에서 열려야 했어요. 그런데 코로나-19 상황이 심각하여 2020년에 개최되지 못하고 2021년에 열렸어요. 2021년에 개최되었지만, 이름은 그대로 2020 도쿄 하계올림픽이라고 부르기로 약속하였답니다.

우리나라 동계올림픽 메달의 역사

동계올림픽의 메달도 알아볼까요? 우리나라는 1948년 스위스

생모리츠 동계올림픽에 처음으로 나갔습니다. 첫 메달은 1992년 프랑스 알베르빌 동계올림픽이었으니, 약 44년 만에 딴 메달이겠네요. 첫 메달의 주인공은 남자 스피드스케이팅 1,000미터의 김윤만 선수입니다. 이후부터는 쇼트트랙 종목을 중심으로 우리나라 선수들이 많은 메달을 획득했습니다.

올림픽의 순위, 어떻게 정하는 게 좋을까요?

어떻게 올림픽 순위를 정하는 게 좋을까요? 나라마다, 사람마다, 방송사마다 서로 다른 방법을 선택해서 순위를 정해요. 따라서 반드시 이렇게 하라고 정해놓은 기준이 없어요. 물론 올림픽을 주관하는 조직위원회에서는 편의상 순위를 정리하지만, 메달의 개수를 이용해서 순위를 정하지는 않는다고 해요.

올림픽의 정신은 **탁월함**Excellence, **우정**Friendship, **존중**Respect이 세 가지 가치를 바탕으로 보다 나은 세상을 만들기 위해 스포츠와 문화를 증진시키는 것이 목표거든요.

국제올림픽위원회는 "중요한 것은 승리가 아니라 경쟁 그 자체이고, 이기는 것이 아니라 잘 싸우는 것이 목표"라고 이야기했습니다. 메달의 개수를 헤아려 순위를 정하는 것보다 요즘 친구들이 자주 말하는 '졌잘싸졌지만, 잘 싸웠다.'라는 게 올림픽의 정신에 더 부합되겠네요.

올림픽의 순위를 정하는 방법

올림픽이 시작되면 우리나라가 다른 나라보다 더 많은 메달을 땄으면 하는 마음이 굴뚝같지 않나요? 1988년 우리나라에서 열린 서울 하계올림픽에서 우리나라는 몇 등을 했는지 살펴볼까요? 인터넷에서 검색해보니 서울 하계올림픽에서 우리나라는 금메달 12개, 은메달 10개, 동메달 11개로 4위를 했네요. 아, 그런데 우리나라가 6위라는 내용도 있어요. 똑같은 올림픽에서 왜 4위라고도 하고 6위라고도 했을까요?

그것은 순위를 정하는 방법이 두 가지가 있기 때문이에요.

첫 번째는 금메달 우선순위로 정하는 방법이에요. 은메달과 동메달의 개수는 상관이 없이 오로지 금메달이 많은 나라가 더 높은 순위가 되는 거예요. 예를 들어 A라는 나라는 금메달 2개, 은메달 1개, 동메달 3개를 땄어요. B라는 나라는 금메달 1개, 은메달 5개, 동메달 5개를 땄어요. 그럼 금메달 우선으로 순위를 정하는 방식에서는 A라는 나라가 더 높은 순위가 돼요.

두 번째는 전체 메달 개수로 순위를 정하는 방법이에요. 그렇다면 A나라는 메달의 개수가 6개, B나라는 메달의 개수가 11개이므로 B나라가 더 높은 순위가 되겠죠.

이봉주 선수를 아시나요?

　여러분들은 이봉주 선수가 누군지 잘 모르죠? 이봉주 선수는 1996년 미국 애틀란타 하계올림픽 마라톤 종목에서 단 3초의 차이로 은메달을 딴 선수예요. 선생님은 이봉주 선수가 은메달을 땄을 때 기억이 생생해요. 어린 마음에 '조금만 더 달리지, 눈앞에 금메달이 있는데, 저것을 못 따라잡을까?' 이렇게 생각했거든요. 그런데 진짜 놀라운 모습은 이봉주 선수가 금메달을 딴 선수의 손을 잡고, 태극기를 들고 세리머니를 하는 모습이었어요. 그때까지만 해도 우리나라 사람들은 금메달을 놓치고 은메달을 따면 큰 잘못을 한 것처럼 아쉬워하고 선수를 원망하던 분위기가 있었거든요. 하지만 이봉주 선수는 세리머니를 하는 게 아니겠어요? 모두가 놀랐다니까요.

　그때부터 우리는 은메달에 대한 생각이 많이 바뀌었어요. 이봉주 선수는 우리에게 금메달만큼 값진 은메달을 보여줬어요. 그래서 우리 국민들도 최선을 다한 선수에 대한 존경심을 가질 수 있었어요. 이봉주 선수 덕분에 다른 선수들은 졌지만 잘 싸운 자신에 대해 칭찬을 아낌없이 할 수 있게 되었어요. 이제 금메달만큼 아름다운 은메달, 메달보다 값진 노력에 찬사를 보내는 것에 주저함이 없는 것 같아요.

2022년 은메달을 딴 러시아 선수

은메달을 땄을 때 가장 아쉬운 것은 자기 자신이겠죠. 실제로 2022년 중국 베이징 동계올림픽에서 은메달을 딴 어떤 선수는 "다른 동료들은 다 금메달이 있는데, 나만 금메달이 없다."라고 눈물을 보였어요. 내가 노력한 만큼의 대가를 받지 못했다는 생각과 기대했던 결과가 아니었기 때문에 실망하기도 했을 것 같아요. 운동선수들은 올림픽의 금메달만을 인생의 목표로 삼고 도전하는 경우가 많기 때문이죠. 충분히 아쉬운 마음도 이해해요.

은메달을 딴 이대훈 선수

2012년 영국 런던 하계올림픽에서 우리나라 이대훈 선수가 태권도 58kg 이하급 결승전에 출전했습니다. 최선을 다해 대결한 끝에 스페인의 조엘 곤살레스 Joel González Bonilla에게 아쉽게 패하면서 은

메달을 따게 되었어요. 경기가 끝나자마자 이대훈 선수가 보여준 모습은 대한민국을 들썩이게 만들었어요.

　바로 이긴 곤살레스의 손을 높이 들어주며 자신의 패배를 인정하고 승리를 한 선수를 축하해주는 모습이었거든요. 금메달보다 멋진 매너로 국민들의 스타가 되었죠. 앞서 이야기한 러시아 선수와 이대훈 선수가 똑같이 은메달을 땄는데, 보여준 모습은 정말 다르네요.

2022년 동계올림픽 속 우리 선수들의 모습

　2022년 베이징 동계올림픽 남자 쇼트트랙 계주 경기에서 은메달을 딴 우리나라 선수들은 간이 시상식에서 방탄소년단BTS 춤까지 췄는데요. 무엇 때문에 이렇게 신나고 즐겁게 춤을 추었을까요? 곽윤기 선수는 응원해준 가수에게 보답을 하고 싶었다고 하네요. 선수들을 응원해주는 마음을 감사히 여기는 것 같아요.

베이징 동계올림픽 쇼트트랙 시상식

아무도 2등은 기억하지 않는다

이 말을 들어본 적이 있나요? 선생님 어렸을 때 텔레비전 광고 속의 멘트였습니다. 세계 최초로 달에 발자국을 남긴 닐 올던 암스트롱Neil Alden Armstrong은 기억하더라도, 그의 뒤를 이어 발자국을 새긴 버즈 올더린Buzz Aldrin을 기억하지 않는다라는 이야기지요.

그런데 선생님은 이 말이 틀린 말 같아요. 달에 발자국을 남긴 자신과, 자기를 사랑해주는 가족들, 자신을 응원해주는 친구들은 올더린의 위대한 도전을 응원하고 자랑스러워할 거예요. 의미 있게 살아간다는 것은 세상 모든 사람들의 칭찬이 필요한 건 아니거든요. 암스트롱과 올더린의 역할과 순서가 달랐을 뿐이지, 누가 더 나은 삶을 살고 있다는 의미는 아니에요. 우리 모두는 "다르니까요".

2등을 해본 경험

선생님은 솔직하게 말하면 2등을 해본 적도 많고 꼴찌를 해본 적도 있답니다. 사실 2등을 하면 너무나 속상해요. 더군다나 꼴찌를 하게 되면 정말 많이 부끄럽고 숨고 싶어요. 그렇다고 해서 제 삶이 가치가 없는 것은 아니에요. 노력했다면, 받아들일 수 있는 용기도 많이 배웠거든요.

물론 처음부터 용기가 있었던 것은 아니에요. 2등, 3등, 꼴찌를 하면서 알게 되었어요. '꼴찌를 해도 괜찮구나.', '내일은 또 다른 것을 도전할 수 있겠구나.' 그래도 너무 힘들고 지칠 때가 있겠죠. 그때 선생님은 도전을 잠깐 멈추고 쉬는 것을 선택한답니다. 쉼을 선택하는 것도 용기가 필요하다는 것을 알게 되길 바라요.

아쉬운 마음은 단순히 아쉽다라는 감정으로 받아들였으면 좋겠어요. 아쉽고 속상하다는 것은 그때만 강하게 느끼는 감정이랍니다. 스스로 가치가 없거나 실패했다고 생각할 필요가 없어요. 언제나 1등을 할 수 있는 게 아니랍니다. 나의 가치는 스스로 판단해요.

내가 2등 했을 때의 경험을 적어볼까요?
어떤 대회나 시험이었는지,
어떻게 노력했는지 적어볼까요?
그때의 기분을 솔직하게 적어봅시다.

선생님은 늘 여러분을 응원합니다.

 함께 살펴보면 좋아요

교과서 5학년 《도덕》 3단원 〈긍정적인 생활〉
긍정적인 사람을 본받아 나를 소중히 여기는 내용을 공부할 때 함께 살펴보아요.

세대 차이

앞머리 헤어롤이 부끄럽나요?

?

Q 앞머리 헤어롤을 부끄러워 해야 하나요?

> 요즘 초등학생이나 중학생을 보면 앞머리 헤어롤을 하고 다니는 학생들이 많잖아요. 저도 그렇고요. 그런데 어른들이 지나갈 때마다 한소리씩 해요. 저러고 돌아다닌다고. 뭐가 어때서 그렇죠? 저는 진짜로 부끄럽지 않거든요. 설령 부끄러워도 제가 부끄러운 것이지, 어른들이 참견할 일은 아니지 않나요?

너희들은 앞머리 헤어롤이 안 부끄럽니?

저는 초등학교 선생님인데요, 어느 날 6학년 친구들이 앞머리에 헤어롤을 말고 수업을 듣더라고요. 빼라고 할까 말까 망설이다가, 그냥 놔뒀습니다. 대신에 수업을 마치고 교실로 돌아가는 아이들에게 물어보았습니다.

교사 앞머리 헤어롤 왜 하는 거야? 안 부끄러워?
학생들 네? 네? 네?
교사 그렇게 하고 다니면 다 쳐다보잖아. 안 부끄러워?
학생들 왜 부끄러워요?
교사 아… 너희가 MZ세대라는 거지? 당당하고, 자신감 넘치는…. 도대체 MZ세대가 뭔데?
학생들 그렇게 물어보는 사람은 MZ세대 아니에요.
요즘은 현타세대라고도 해요.
교사 현타세대? 그게 뭔데?
학생들 '아… 현타 온다' 해서 현타세대요. 선생님은 그냥 현타세대도 아닌 거예요. MZ세대나 현타세대는 우리들한테 부끄럽냐고 안 물어보거든요.

MZ세대

1980년대 초~2000년대 초 출생한 '밀레니얼 세대'와 1990년대 중반부터 2010년대 초반 출생한 'Z세대'를 아우르는 말로 밀레니얼+Z세대라는 뜻이에요.

현타

현실 자각 타임의 준말로 어떠한 망상을 하다가 현실을 깨닫게 되는 순간을 말해요.

씁쓸하게도 저는 MZ세대도 아니고, 현타세대도 아니었습니다. 학생들과 생활하면서 젊게 산다고 생각했는데, 아직 제 나이 30대 밖에 안 되었는데, 벌써 세대 차이가 느껴지는군요. 그럼 저는 무슨 세대일까요?

선생님은 꼰대라떼 세대?

우리 학교 6학년 학생들은 제가 꼰대라떼 세대라네요. 꼰대라떼라니, 제가 어렸을 때와 달리 요즘 MZ세대는 표현에 거침이 없는 것 같아요.

요즘에도 꼬장꼬장한 어른들은 "옛날에는 안 그랬는데…" 하면서 요즘 세대들에게 잔소리를 하시지요. 과연 옛날 사람들은 전부 다 예의 바르게 살았을까요? 기원전 1700년 전 쯤 수메르에서 나온 점토판에도 "너는 왜 그렇게 버릇이 없느냐?"라고 적혀 있습니다. 또 기원전 196년 고대 이집트 로제타석에 적힌 내용을 보면 "요즘 젊은 것들은 버릇없다."라고 했어요. 공자님께서도 이 말을 하셨고, 《조선왕조실록》에도 이런 표현이 있다네요. 몇천

꼰대라떼

꼰대라떼는 말 그대로 꼰대와 라떼라는 단어가 합성돼서 만들어졌습니다. 꼰대 뜻은 학생들이 쓰는 비속어로 '선생님'을 이르는 말이고, 라떼는 꼰대들이 자주 사용하는 '나 때는 말이야'와 발음이 비슷해서 생기게 된 표현입니다.

년 전에 살았던 '옛날' 사람들도 버릇이 없었네요. 옛날 사람이라고 다 예의 바른 것은 아닌가 봅니다.

닭벼슬 앞머리 VS 깻잎머리 VS 헤어롤

이 책을 읽는 어린이 여러분, 지금 바로 할머니, 엄마나 이모께 한번 여쭤보세요.

"할머니는 닭벼슬 앞머리 안 해봤어요? 엄마, 이모는 깻잎머리 안 해봤어요? 안 붙였어요?"

이 질문을 하는 순간 "나 때는 말이야." 하며 꼰대라떼로 변신하는 할머니, 엄마와 이모를 볼 수 있을 거예요. 젊었을 때, 유행을 이끌며 동네를 주름잡던 부모님의 이야기를 신나게 들을 수 있을지도 몰라요.

선생님이 청소년기를 보낸 1990년도에는 깻잎머리가 엄청 유행했었거든요. 그때 선생님도 깻잎머리를 하고 다녔어요. 그리고 아주 통이 넓은 힙합 바지를 입고 다녔고요. 그때를 돌이켜보니 부모님이나 어른들이 하시는 잔소리를 귀담아 듣지 않았던 것 같네요. 그럼에도 불구하고 여러분들에게 헤어롤을 가지고 잔소리를 하는 것은 개구리 올챙이 적 생각 못 하는 거겠지요.

기원전에도 꼰대라떼가 있었을까?

앞에서 이야기한 수메르 점토판이나 고대 이집트 로제타석에 적힌 내용이 더 궁금하지 않나요? 고대 그리스의 유명한 철학자 소크라테스도 비슷한 이야기를 했어요. 이런 사례뿐만 아니라 《조선왕조실록》에는 과연 어떻게 실려 있는지 여러분에게 소개합니다. 이런 글들을 보니 기원전에도 꼰대라떼가 있었던 같습니다.

기원전 1700년경 수메르 문명 점토판

"어디에 갔다 왔느냐?"
"아무 데도 안 갔습니다."
"도대체 왜 학교를 안 가고 빈둥거리고 있느냐?
제발 철 좀 들어라.
왜 그렇게 버릇이 없느냐?
도대체 왜 글 공부를 하지 않는 것이냐?"

기원전 196년 이집트 로제타석

"젊은 것들은 버릇이 없다."

기원전 425년 소크라테스

"요즘 아이들은 버릇이 없다.
부모에게 대들고
음식을 게걸스럽게 먹고
스승에게도 대든다."

《조선왕조실록》 숙종 17년(1691년) 8월 10일 기사

"세상이 갈수록 풍속이 나빠져서
선비의 버릇이 예전만 못하고,
학문에 밝고 행동을 바르게 할 줄 아는 자는 적으며,
글재주를 키워 벼슬을 얻은 후
월급을 받는 것에만 힘쓰니,
대대로 임금님들이 학교를 세우고
인재를 키우려 한 것에서 벗어나 걱정이다."

어쩔 수 없이 모든 시대에 세대 차이는 존재한다

어렸을 때, 할아버지와 밥을 먹다가 깜짝 놀란 적이 있어요. 제가 너무도 좋아하는 감자와 고구마, 옥수수, 수제비가 너무 싫다는 거예요.

선생님　할아버지, 감자 들어간 수제비가 왜 싫어요?
할아버지　어렸을 때 너무 많이 먹어서 싫지.
선생님　어렸을 때 왜 많이 먹었는데?
할아버지　밥이 없어서.

그때는 밥이 없어서 감자를 먹은 할아버지가 이해가 안 되었어요. 우리 아버지께서는 잡곡밥을 정말 싫어하세요. 왜 그런지 여쭤봤더니, "어렸을 때, 쌀밥을 못 먹어서."라고 했어요. 실제로 1960, 1970년도에는 경제적인 이유로, 돈 때문에 혼식쌀에 잡곡을 섞어서 먹는 밥과 분식밀가루로 만든 음식을 먹도록 하는 혼분식장려운동이 있었어요. 그런 시대를 살았던 어른과 우리들이 어떻게 차이가 없을 수 있겠어요. 똑같을 수 있다고 생각하는 것은 욕심이 아닐까요?

나와 주변의 사람들에게 집중하는 MZ세대

그럼 다시 질문합니다. "앞머리 헤어롤은 왜 하고 다닐까요?" 그

누군가에게 예쁜 나의 모습을 보여주기 위해서겠지요. 앞머리 헤어롤을 하고 다니는 사람들에게는 약속 장소까지 가면서 만나는 사람이 별로 중요하지 않아요. 스쳐 지나가면서 만나는 사람은 '의미 없는' 나무나 가로등과 같은 거예요. 나에게 중요한 것은 나와 만날 약속을 한 바로 '당신'이죠. 과연 모르는 사람보다 내 주변의 사람에게 집중하는 MZ세대가 틀린 걸까요?

내가 좋으면 그냥 좋은 거라는 MZ세대

게다가 남들이 뭐라 하든 내가 하고 싶은 대로 하고, 내가 좋으면 좋은 거라고 생각하는 것도 있습니다. 다른 사람들의 시선도 중요하지만, 그 사람들에게 피해가 가지 않으면 그냥 해도 괜찮은 거죠. 설령 내가 꼭 누구를 만나지 않더라도 내가 보기 좋으면 좋은 거예요.

답답해 보이겠지만, 내가 가는 길이 어른들도 갔던 길이에요

내가 지금 가고 있는 길이 사실은 어른들도 갔던 길이에요. 어른들이 새로운 문화를 창조하고, 유행을 만들고, 기술을 발전시켰답니다. 그렇게 늘 새로운 길을 만든 것처럼 우리도 지금 그 길을 가고 있어요. X세대, Y세대를 '리스펙!' 해요. 그래서 우리도 지금 이렇게 하고 있는 거예요. 텔레비전 채널을 생각해보세요. 어른들이 어렸을 때는 10개도 안 되는 채널이었어요. 지금은 백 개가 넘어요. 이렇듯 세상은 훨씬 더 재미있어졌어요! 그러니 우리들과 어른들이 똑같을 수가 없어요.

잔소리에 집중하는 어른들

꼰대라고 불리는 사람들은 정말 잔소리를 잘합니다. 그래서 "라떼는 말이야나 때는 말이야…"라고 이야기를 시작하기 때문에 꼰대라떼라고 불리지요. 그런데 어른들은 그 잔소리가 꼭 필요한 일이라고 생각해요.

'꼰대'의 뜻을 살펴보면 학생들이 쓰는 비속어로 '선생님'을 이르는 말입니다. 선생先生님이라는 단어는 한자로 먼저 태어난 사람이라는 뜻이에요. 먼저 태어나서 이미 겪었기 때문에 자신이 지나간 길을 소개해주고 싶은 마음이 있어요. 다 잘되라고 하는 소리가 잘못된 걸까요?

네가 건너야 하는 길이라면 돌다리도 두들겨주고 싶은 어른들

'네가 건너가야 하는 길이라면 돌다리라도 내가 두들겨보고 안전한지 확인하고 싶구나.' 아마도 어른들은 이런 마음일 거예요.

"돌다리도 두들겨보고 건너라."라는 뜻은 허둥대거나 방심하지 말고 무슨 일이든지 깊이 생각하고 행동하라는 뜻입니다. 그런데 선생님이 자식을 낳아 보니, 돌다리라도 다시 확인하고 싶더라고요. 아무리 안전해도 한 번 더 살펴보고 싶고, 지금의 것이 좋고 또 좋더라도 더 좋은 것을 찾아주고 싶은 게 앞서 걸은 어른들의 마음인 것입니다. 그래서 그런 거예요.

어른들에게 하고 싶은 말 - 생텍쥐페리가 쓴 소설 《어린 왕자》 속 글

어른들은 누구나 처음부터 어린이였어.
하지만 그것을 기억하는 어른은
별로 없단다.

《어린 왕자》를 보면 이 문장이 있어요. 어른들은 진짜 어린이였던 시절의 일을 기억하는 게 힘든가 봐요. 어른들도 잊지 않고 어린이의 세계와 어른의 세계가 함께할 수 있도록 노력해야겠어요. 그 대신 여러분도, 바쁘게 살다 보니 어린 시절을 기억하지 못하는 어른들을 이해해주세요.

 함께 살펴보면 좋아요

교과서 5학년 《도덕》 5단원 〈갈등을 해결하는 지혜〉
갈등을 평화롭게 해결하기 위한 올바른 대화법과 함께 살펴보아요.

인물탐구

이 시대의 언론인
'있는 그대로'의 사실만 보도하기 위해
노력하는 《일요신문》 대구경북 이사

김종백

  언론인은 뉴스나 신문 등과 관련된 일을 하는 직업이에요. 구체적으로 신문기사나 방송기사를 쓰는 기자, 기사를 작성하고 방송을 진행하는 리포터, 뉴스를 전달하고 현장의 기자와 연결해 뉴스 보도를 진행하는 아나운서, 뉴스를 논평하는 논설위원, 뉴스를 편집하는 편집자, 마지막으로 뉴스 제작을 총괄하는 PD가 있어요.

  이 시대의 언론인으로, 《일요신문》 대구·경북지부 이사이신 김종백 이사님을 소개하고자 합니다.

Q 《일요신문》은 어떤 일을 하는 곳인가요?

  《일요신문》은 정치, 시사, 사회, 경제, 문화 등의 기사를 쓰는 신문사예요. 《일요신문》은 1987년 6월에 《일요뉴스》로 시작되었어요. 1988년 3월 6일 제39호부터 《일요신문》으로 이름을 변경했어요.

  《일요신문》은 국내 최고의 신속성과 신뢰성을 보여 주고 있는 탐사 보도 전문의 타블로이드형 주간 신문사입니다. 타블로이드형 신문은 신문 크기의 종류 중 하나로, 일반신문보다 상대적으로 작은 크기이며 대중교통을 이용할 때 읽기가 쉽다는 장점이 있어요.

Q 이사님은 주로 어떠한 일을 하시나요?

신문사에서는 기사를 취재하고 보도하는 것은 주로 기자들이 합니다. 저는 기자처럼 현장 취재를 하지 않아요. 대신 현장 기자들이 취재한 여러 가지 내용을 면밀히 검토를 하고 있답니다. 취재한 내용을 토대로 신문 편집을 계획하고 기획합니다. 또한, 취재한 내용을 기사로 작성할 수 있도록 지원하고 있으며, 기사 내용에 대해 검토를 하고, 조판 작업, 인쇄 작업의 모든 과정을 지휘, 감독하고 있답니다.

Q 이사님께서는 평소 교육과 관련된 글을 많이 쓰시던데요. 이사님의 교육철학에 대해 듣고 싶어요.

저는 평소 교육에 대해 관심이 참 많습니다. 제가 쓴 글을 읽어본 어린이가 있나요? 저는 교육 철학자 '존 듀이 John Dewey'와 하버드대 교수인 '하워드 가드너 Howard Gardner' 박사를 존경합니다.

듀이는 자신의 교육철학 이론을 직접 실천하기 위해 '실험학교'를 만들었어요. 실험학교를 직접 7년 동안 운영을 하면서, 자신의 교육철학과 이론을 체계적으로 확인한 사람이에요. 그리고 가드너는 다중지능이론을 체계화한 사람이에요. 다중지능이론은 지능이 한 부분으로 구성되어 있는 것이 아니라, 다양한 영역으로 구성되어 있다는 주장입니다. 지능을 언어 지능, 논리 수학 지능, 공간 지능, 음악 지능, 신체 협응 지능, 인간 친화 지능, 자기 성찰 지능, 자연 친화 지능, 실존적 지능으로 나누었고, 이 영역 중 사람은 누구나 잘하고 뛰어난 영역이 있다고 말했어요. 또한 인간의 잠재력을 발달시켜야 된다고 말한 사람이에요.

평소 저는 듀이와 가드너의 생각에 많이 공감합니다. 인간의 지능은 다양하고 잠재력을 무궁무진하게 가지고 있기 때문에, 어릴 적부터 자기에게 맞는 지능을 계발하기 위한 교육이 필요해요. 그래서 이런 다중 지능 계발을 위한 '듀이의 실험학교'를 연구해서 우리나라에 맞게 운영하고 싶어요.

Q 이사님께서 생각하시는
신문사의 역할은 무엇인가요?

언론 기관은 문자를 사용하여 정기적이고 공식적이며 공개적으로 정보, 지식, 의견, 시대의 사고와 흐름을 수집하고 표현하여 사회적으로 전달하는 기관입니다. 신문사는 현대 사회의 언론 기관 중 가장 중심이 되는 기관이라고 생각합니다.

그래서 신문사는 권력의 눈치를 보지 않고, 주관적인 생각은 빼고, '있는 그대로'의 사실만을 객관적으로 보도하는 자세가 필요하겠지요. 그러기 위해서 신문사는 사람들에게 전달하는 메시지, 기사의 전달량과 유통 범위를 늘려야 합니다. 기술적으로 뛰어난 기계장치가 도입될 뿐만 아니라, 기사를 구성하고 다듬고 소통할 수 있는 효율적인 신문사 구성원을 만들어야 할 것입니다.

Q 기자, 아나운서, 논설위원을 보면 말을 정말 잘하던데요. 말을 잘할 수 있는 비결은 무엇일까요?

말을 잘하고 싶나요? 말을 잘하기 위해서는 먼저 듣기와 글쓰기를 잘해야 합니다. 친구들의 말을 잘 듣고 친구가 하는 말에 공감을 표현하는 것이 중요합니다. 그리고 친구에게 내 생각을 말하는 연습을 하다 보면 말을 잘 할 수 있고, 말하는 것에 대해 자신감을 가질 수 있습니다.

그리고 평소에 시를 읽거나 외우는 것도 말 잘하는 방법 중 하나랍니다. 물론 표준어를 정확하게 말하기 위해서는 유튜브에 있는 스피치 훈련 강의를 보는 것도 좋은 방법입니다. 그리고 친구들과 낭독극을 해보는 것도 추천합니다.

글을 잘 쓰기 위해서는 꾸준히 일기를 쓰거나 독서 토론을 하는 방법도 있어요. 신문을 매일 읽는 것도 많은 도움이 됩니다. 그리고 책이나 신문을 읽다가 마음에 드는 문장이 있다면 공책에 그대로 베껴 써보는 것도 참 좋습니다. 글을 베껴 써보면서 자기 생각을 조금씩 첨가해보는 거지요.

Q 언론인을 꿈꾸는 어린이들에게 하고 싶은 말씀 부탁드려요.

대부분 어린이들은 언론인이라고 하면 기자나 아나운서를 꿈꿉니다. 텔레비전에서 볼 수 있는 기자나 아나운서들의 모습이 멋있어 보이곤 하지요.

기자나 아나운서들이 화려해 보일 수 있지만, 힘든 직업이랍니다. 일단 자기 적성과 흥미가 이 직업에 맞아야 합니다. 자신이 문학, 역사, 정치, 추리소설, 철학 같은 부류의 독서를 좋아하는지 확인해야 하고, 평소 이런 내용의 독서 활동이나 웅변, 낭독극이나 말하기를 좋아하는지도 확인해보면 좋을 거예요.

그다음 대학교에서 신문방송학, 미디어학, 국어국문학, 영문학, 방송영상학 등과 같은 공부를 해보세요. 물론 전공에 관계없이 시험을 쳐서 방송국이나 신문사에 들어갈 수도 있어요.
여러분의 꿈을 응원합니다!

2

지구를 살피는 똑똑한 눈

과학

AI와 협업

인공지능이 우리를 지배할 수 있을까요?

?

Q 인공지능이 인간을 지배하는 날이 올까요?

> 지난 주말에 가족들과 함께 코다리찜을 먹으러 갔어요. 식당에 음식을 서빙하는 로봇이 있더라고요. 엄마께 물어보니 인공지능 로봇이라고 했어요. 대구에 있는 어떤 카페에서는 인공지능 커피 로봇이 커피를 만들어 준다고 해요. 우리 생활 속에 인공지능을 탑재한 똑똑한 로봇들이 점점 더 늘고 있어요. 언젠가 인공지능이 우리 인간을 지배하는 날이 올까 봐 무서울 정도예요.

인공지능이란?

인공지능이란 인간의 학습 능력, 지각 능력, 사고 능력, 이해 능력을 컴퓨터 프로그램으로 실현한 기술이에요. 'Artificial Intelligence'를 줄여 우리가 흔히 AI로 부르고 있답니다.

인공지능이라는 단어는 현대 컴퓨터의 모습을 제시한 앨런 매시슨 튜링Alan Mathison Turing이라는 사람이 처음으로 생각했어요. 우리나라에서는 2016년 이세돌 9단과 알파고의 바둑 대결이 화제였대요. 튜링은 1940년대부터 체스 게임을 하는 기계, 인공지능을 상상했었다고 하네요.

> **앨런 매시슨 튜링**
> **Alan Mathison Turing**
>
>
>
> 튜링은 영국의 수학자, 암호학자, 논리학자, 컴퓨터 과학자입니다. 복잡한 계산에 있어 알고리즘이라는 개념을 구상하여 튜링 기계라는 모델을 만들었는데, 덕분에 요즘과 같은 발달된 컴퓨터를 만들 수 있었습니다. 인공지능이 사람과 같은 수준인지 확인하는 튜링 테스트도 유명합니다.

인공지능은 인간의 신경망처럼, 여러 가지 데이터를 수집하고 스스로 분석해요. 그리고 여러 가지 상황을 학습해서 판단도 할 수 있어요. 이런 인공지능에 대해 좀 더 알아볼까요?

'알파고', 바둑 천재와 대결하다

2016년, 인공지능 알파고AlphaGo와 세계적인 바둑 천재인 이세돌 9단의 놀라운 대결이 있었습니다. 전 세계에서도 주목을 했던 큰 사건이에요. 구글 회사는 알파고를 개발하였고, 이세돌 9단에게 알파고와 함께 바둑 경기를 치르자고 제안했어요. 이세돌 9단은 3분 정도 고민을 했다고 해요. 그러고는 "인공지능의 실력이 어느 정도인지 호기심이 생겼고, 바둑 역사에서도 중요하다."라고 하며 인공지능 알파고와 바둑 경기를 치르는 것에 동의합니다.

알파고는 스스로 바둑 두는 법을 학습한 인공지능 컴퓨터에요. 1940년에 튜링이 체스 게임을 하는 인공지능 기계를 상상한 것처럼 말이에요. 알파고는 바둑 선생님도, 바둑책도 필요로 하지 않았어요. 오로지 바둑 경기 기록만을 데이터로 입력했고, 스스로 바둑을 두는 방법에 대해 학습했어요. 알파고는 '딥러닝, 신경망, 강화학습, 몬테카를로 트리 탐색'이라는 인공지능 시스템과 게임 경기의 최신 기술을 활용했고, 구글 회사의 계산 시스템도 활용했어요. 당시로서는 가장 수준 높은 인공지능이라 할 수 있지요.

바둑을 두다 보면, 한 수를 놓고 지속적으로 형세를 지켜보아야 해요. 알파고는 바둑의

> **딥러닝 deep learning**
>
> 컴퓨터가 스스로 외부 데이터를 조합하고 분석하여 학습하는 기술을 뜻합니다. 가르쳐준 것만 알고 처리하는 단계에서 새로운 지식을 만들어낼 수 있게 되었습니다. 이로써 인공지능이 획기적으로 도약하게 되었습니다.

형세를 판단하고, 다음 수를 선택할 때의 성공확률을 미리 계산했다고 합니다. 또한, 전 세계에 흩어져 있는 1,000여 개가 넘는 강력한 서버를 활용해서 빠른 계산을 했다고 해요. 결국에는 사람보다 더 효과적으로 바둑의 수를 읽고, 바둑의 형세를 판단했어요. 사람은 모든 경우의 수를 계산할 수 없기에 경험과 직관에 의지하지만 알파고는 달랐던 것이죠.

알파고와 이세돌, 과연 승자는?

5번의 경기에서 알파고가 4승 1패로 승리했습니다. 아직은 인공지능이 사람을 이길 수 없을 것이라는 기대와 달리 바로 인공지능 알파고의 승리였답니다! 이세돌은 "기대했던 팬들에게 죄송하다. 하지만 이세돌의 패배일 뿐 인간 전체의 패배라고 생각지 말아주셨으면 좋겠다."라고 말했어요.

알파고와 이세돌 9단의 대결을 앞두고, 많은 사람들이 인공지능의 능력을 받아들이지 않고 이세돌 9단이 인공지능을 이기지 않겠느냐고 예상했다고 해요. 하지만 정작 인공지능 전문가들은 당연히 알파고가 이길 것이라고 예상을 했다고 합니다.

물론, 인공지능 알파고와 이세돌 9단의 바둑 대결에 대해 불공정한 경기였다고 말하는 사람도 있었어요. 그 이유는 인간을 대표하는 이세돌은 혼자였지만, 알파고는 전 세계에 있는 1,000여 대의 고성능 컴퓨터와 서버를 이용했기 때문이지요. 결국, 인간 1 : 컴퓨터 1,000의 대결이었다는 말도 있었어요.

2016년 알파고의 승리 이후로, 사람들은 더 이상 인공지능의 미래를 의심하지 않게 되었어요. 오히려 인공지능이 인간의 모든 활동을 뛰어넘지 않을까, 어쩌면 우리 인간을 지배하지 않을까에 대한 생각이 자연스럽게 커지고 있어요.

인공지능이 우리를 지배할 수 있을까?

이런 우리의 걱정과는 달리, 뇌과학자 정재승 교수님은 tvN <알쓸신잡 알아두면 쓸데없는 신비한 잡학사전> 프로그램에 출연하셔서 인공지능이 인간을 지배할 수 없다고 말했어요. 우선 인공지능이 인간을 지배하기 위해서는 인공지능이 갖추어야 할 조건이 세 가지가 있다고 말했습니다.

인공지능은 첫째, 자기 자신이라는 존재를 생각하고 의식해야만 하고, 둘째, 인간을 지배하고자 하는 욕구와 욕망이 있어야 하며, 셋째, 인간을 적으로 여기는 감정, 즉 적대 감정을 가지고 느껴야만 가능하다고 했어요.

인공지능 로봇

　결국 인공지능은 인간이 시킨 일을 하는 존재가 아니라 스스로 살고 싶은 욕망과 욕구를 가져야 하는데, 실제로 인공지능이 이러한 감정을 가지고 생각을 하는 게 참 어렵다고 했어요.

　또한, 인간의 뇌가 수학이라는 학문과 언어라는 소통 도구를 사용한 지 1,000만 년 정도 되었다고 알려져 있어요. 그러나 인간이 자기 자신을 생각하고 의식하는 것, 감정을 가지는 것, 욕구와 욕망 같은 감정을 가지게 된 것은 수학과 언어를 사용한 것과 비교하면 상상할 수 없는 더 섬세하고 세밀한 기능이고, 더군다나 감정은 수십만 년 전부터 인간이 가지고 살면서 진화를 한 것이에요.

　그러니 논리적 사고를 이제 배우기 시작한 인공지능에게 이러한 욕구와 감정을 인간이 바로 넣어줄 수 없는 현실이에요. 더욱이 이런 감정과 생각은 인간조차도 왜 가졌는지 모르기 때문에, 인간이 인공지능에 넣어줄 수가 없다고 설명했어요.

사람과 인공지능이 함께 일을 하는 협업지능의 필요성

인공지능이 인간의 산업, 직업, 나아가 삶에 영향을 미치는 시대가 되었어요. 하루하루 눈에 띄게 인간의 삶에 많은 비중을 차지하게 된 인공지능을 두려워만 하고 인간을 지배할 수 있는 존재인지 아닌지를 생각하기보다는, 오히려 인공지능과 사람이 함께 협업할 수 있는 방법을 찾는 것이 좋지 않을까요?

인공지능과 사람이 협업하는 상황을 찾아볼까요?

혼자 사시는 할아버지의 말동무가 되어주는 인공지능 스피커, "할아버지 약 드실 시간입니다. 약을 드셨으면 저에게 손을 올려주세요."라고 말하며 건강과 안전까지 책임지는 인공지능 돌봄 인형,

길을 안내하는 역할뿐만 아니라 졸음운전과 같은 상황을 인식해서 신나는 음악을 틀어주는 인공지능 내비게이션까지… 인공지능은 다양한 분야에서 나날이 발전을 하고 있고, 우리 인간의 삶에 도움과 이로움을 주는 존재로 발전하고 있어요.

세계 여러 회사에서는 사람과 인공지능이 함께 일하는 협업지능을 강조하고 있다고 해요. 인간에게는 자연스러운 것이 인공지능에게는 매우 어려운 일일 수 있고, 반면에 인공지능에게 매우 쉬운 일이 인간에게는 거의 불가능할 수 있거든요.

인공지능은 데이터를 수집하고 분석하는 능력을 최대한 활용해서 인간의 지능을 수정하고 보완하는 일을 잘 처리할 수 있어요. 그런데 사람은 인공지능이 할 수 없는 감정과 욕구를 가지고 있고 사고와 생각할 수 있는 능력이 있기 때문에, 이러한 인공지능을 잘 활용하여 인간의 삶에 보탬이 되면 좋을 것 같아요.

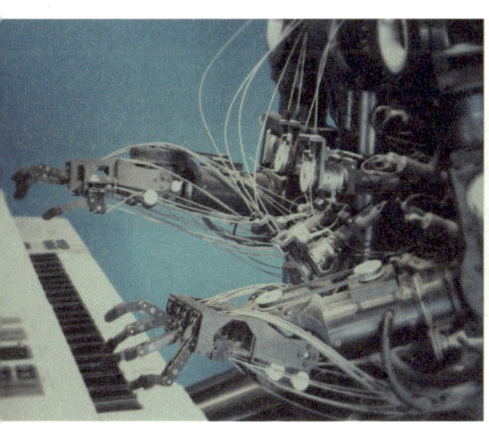

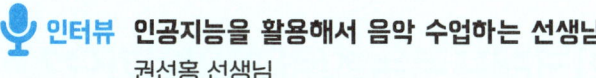 **인터뷰** 인공지능을 활용해서 음악 수업하는 선생님
권선홍 선생님

인공지능 스피커, 인공지능 내비게이션, 인공지능 키오스크… 이렇듯 우리 사회에서는 인공지능을 많이 활용하고 있는데, 저는 수업 시간에 인공지능을 활용하고 있습니다. 바로 인공지능 작곡 프로그램을 활용해서 음악 수업을 하고 있어요. 자주 쓰는 어플은 '험온'이에요. '험온'은 "음~음~음~" 하고 허밍으로 녹음을 하면 멜로디로 만들어주는데, 락, 발라드, 클래식과 같은 장르까지 선택해주면 멋진 자작곡을 완성해준답니다.

선생님도 처음에 인공지능이라는 것이 어렵다고 생각했어요. 하지만 인공지능과 관련된 책도 읽고 인터넷으로 검색을 해보니, 관련된 정보가 많이 있었답니다. 인공지능을 어려워하거나 두려워하지 말고, 천천히 하나하나 이해하다 보면 여러분도 인공지능 전문가가 될 수 있답니다. 이렇게 인공지능과 더불어 살아가는 모습을 여러분도 함께 느꼈으면 합니다.

 함께 살펴보면 좋아요

교과서 4학년 2학기 《사회》 3단원 〈사회 변화와 문화 다양성〉
정보화로 나타난 생활 모습을 공부할 때 함께 살펴보아요.

게임과 인간성

마인크래프트는 착한 게임인가요?
나쁜 게임인가요?

?

Q 마인크래프트는 착한 게임인가요?
나쁜 게임인가요?

저는 초등학교 4학년인데요, 3학년 때부터 마인크래프트 게임을 했어요. 그런데 부모님께서 게임하는 것을 싫어하셔서 마인크래프트 할 때마다 혼나요. 제가 게임하면서 나쁜 짓을 하는 것도 아니고, 건물을 주로 만들고 친구들을 초대해서 놀아요. 제가 만드는 건물은 실제로 다니는 학원, 수영장, 부모님과 함께 놀러갔던 바닷가 등이에요. 이렇게 즐겁게 놀면서 친구와 싸우지도 않는데, 마인크래프트는 착한 게임인가요? 아니면 나쁜 게임인가요?

청와대에서 마인크래프트로 여러분들을 초대했다?

대통령은 매년 5월 5일 어린이날에 어린이들을 청와대로 초대해서 즐거운 시간을 보낸답니다. 그런데 2020년 어린이날을 어떻게 보낼지 엄청난 걱정에 휩싸였어요. 코로나-19로 인해서 학생들이 학교에도 안 가고 집에서 원격으로 수업을 받던 시기였거든요. 사람들이 모이면 감염의 위험이 커지니 청와대에 직접 초대하기가 쉽지 않았죠. 그래서 대통령은 마인크래프트로 어린이들을 청와대에 초대합니다.

마인크래프트로 청와대에 초대된 아이들은 어떻게 놀까요? 청와대에서는 도티와 친구들이 청와대 마인크래프트맵에서 돌아다니는 영상을 공유했습니다. 그리고 거기에 초대되지 않은 친구들을

위해 청와대맵을 다운받아서 가상공간의 청와대를 마음껏 돌아다닐 수 있게 했습니다. 선생님은 마인크래프트를 한 번도 한 적이 없는데, 청와대를 들어가볼 수 있다고 하니까 어떻게 생겼는지 가보고 싶고 궁금할 정도였죠. 그래서 마인크래프트를 배워야 하나 잠깐 고민하기도 했습니다.

마인크래프트가 좋은 게임인지, 나쁜 게임인지 너희가 말해봐!

청와대에서도 마인크래프트를 이용해서 어린이들과 함께하는 행사를 만든 것을 보니 그렇게 나쁜 게임은 아닌 거 같은데, 왜 어른들은 마인크래프트도 하지 말라고 할까요? 여러분들이 마인크래프트가 뭔지 이야기해보세요.

김☆☆ 　마인크래프트는 네모난 블록 세상이에요. 샌드박스 게임이요. 모든 게 네모에요. 블록을 쌓고 곡괭이로 캐고 그렇게 하죠. 그런데 중력이 캐릭터에만 작용해서 집 같은 거 만들 때 블록이 떠 있기도 하고 그래요.

박☆☆ 　야생에서 살아남는 게임을 해요. 같이 게임하는 사람들끼리 동물을 죽이고 그렇게 하긴 해요. 그런데 사람을 죽이지 못하도록 모드를 변경하면 사람을 못 죽여요. 선정적인 게임도 아니에요.

정☐☐ 　야생에서 살아남는 서바이벌 말고 건축물이나 아파트 같은 것을 짓기도 해요.
이△△ 저는 롯데월드를 3주 동안 지어본 적이 있어요.
최◎◎ 저는 땅굴 위에 피라미드를 만들기도 하고 지하 요새를 지어본 적도 있어요.
권♡♡ 저는 워터파크를 만들었고, 제 친구는 유리로 만든 집을 짓기도 했어요.

마인크래프트를 하는 아이들에게 "그럼 마인크래프트에서 나쁜 거는 뭐가 있어?"라고 질문을 해보았어요.

김♤♤ 나쁘다면 동물들을 죽이는 거? 그런데 그거는 야생에서 살아남기 위해서 먹을 것을 구하려고 그렇게 하는 거예요. 예전에 원시인처럼요.
최◎◎ 그런데 그것보다 더 나쁜 것은 친구가 만든 건축물을 TNT로 폭파시키는 거예요. 저도 예전에 친구가 오랫동안 만든 건축물을 폭파시켜본 적이 있는데 정말 많이 미안했어요. 그냥 재미로 했거든요.
정□□ 동물을 죽이는 것은 어쩔 수 없을 때가 있는데, 친구가 기르고 있는 동물을 죽이는 것은 절대로 안 돼요. 마인크래프트에서도 동물을 기를 수도 있고, 동물에 이름을 붙여줄 수도 있어요. 또 암컷과 수컷끼리 짝짓기를 해서 새끼를 낳기도 하고, 동물에게 먹이를 주기도 하고 그러거든요. 친구가 공들여서 키운 동물을 잡아먹으면 진짜 안 돼요. 정말 크게 싸워요.

이렇듯 마인크래프트를 하는 친구들은 마인크래프트가 무엇인지 잘 알고 있었어요. 함께하는 친구들과 사이좋게 게임을 하는 방법을 알고 있고, 어떻게 하면 게임을 좋은 방향으로 할 수 있는지도 알고 있는 것 같아요. 칼도 요리사의 손에 있으면 좋은 물건이지만, 범죄자가 쓰면 나쁜 물건이 되는 것처럼, 학생들이 잘 활용한다면 즐거운 시간을 보낼 수 있는 게임이니 문제가 없겠죠?

그렇다면 메타버스가 무엇인지 아나요?

마인크래프트를 하는 친구들에게 메타버스가 무엇인지, 해본 적이 있는지 물어봤어요. 학생들은 어떻게 대답했을까요?

김☆☆ 잘 모르겠어요.
박☆☆ 해본 적 없어요.
정ㅁㅁ 멀티 버스?
이△△ 우주?
최◎◎ 잘 모르겠어요.
권♡♡ 제페토인가? 제페토 해본 적은 없어요.

마인크래프트가 바로 메타버스에요. 여러분들이 잘 쓰는 마인크래프트와 로블록스 같은 게 메타버스라고 이야기해주니 학생들이 깜짝 놀랐어요.

교육계뿐만 아니라 전 세계적으로 코로나-19라는 특수한 상황에 맞물려 메타버스가 엄청 핫한 상황이에요. 메타버스의 세계가 우리 주변에 가까이 와 있지만 잘 모르고 지나가는 경우가 많죠. 선생님도 그랬어요. 아는 친구가 오늘 모임이 있어서 게더타운에서 만난다는 이야기를 들었어요. '게더타운? 어디지? 식당인가?' 이렇게 생각한 적이 있었거든요. 온라인 모임이라고 상상도 못했지요.

메타버스 어떻게 즐길까요?

여러분들은 메타버스의 세계 한가운데 서 있습니다. 즐길 준비가 되셨나요? 메타버스에서는 어떻게 노는 게 가장 즐거울까요? 마인크래프트를 생각해보세요. 게임도 여럿이 하는 것이 재밌듯이 메타버스도 함께하는 사람들이 있으면 훨씬 즐겁겠죠. 게임 기반형 가상세계에서는 친구들과 함께 탐험하면 좋을 것 같아요.

또 메타버스를 탐구하고 여러 가지를 시도해보고 배우는 자세도 중요해요. 선생님은 새로운 것을 배우는 게 무섭고 겁난 적이 있어요. 앞서 말한 마인크래프트 청와대맵도 궁금했지만 결국에는 시도하지 않았죠. 여러분이 살아가는 세계는 배움이 너무나 중요한 곳이에요. 그러니 마음껏 메타버스의 세계를 탐험해보세요.

메타버스는 정확하게 무엇일까?

메타버스는 META가상 또는 초월이라는 의미와 +VERSE세계, 우주라는 뜻가 합쳐진 단어입니다. 다시 말해 현실세계 같은 가상 공간이라고 이해하면 좋을 것 같아요. 사실 메타버스는 예전부터 우리 일상에 많이 녹아 있었습니다. 잘 몰랐을 뿐이죠. 인터넷이 조금씩 들어와 이제는 없어서는 안 되는 것처럼, 메타버스도 조금씩 들어와 우리 옆에 자리 잡았거든요.

여러분들이 좋아하는 로블록스도 메타버스랍니다. 이 외에도 여러분들이 좋아하는 증강현실도, 우리 주변에서 돌아다니고 있는 가상의 캐릭터를 잡는 포켓몬고도, 이용자의 활동이 정보로 기록되는 인스타그램과 같이 자신의 삶이 기록되고 저장되는 것도 메타버스입니다. 또 지구 곳곳을 들여다보는 구글어스도 메타버스고요. 이제 메타버스가 없는 세계는 상상이 안 돼요.

메타버스에도 사람의 향기를

그런데 메타버스와 같은 가상 세계에서도 너무나 중요한 게 있어요. 게임캐릭터처럼 보이고, 아바타처럼 보이고, 가짜처럼 보이더라도 그 뒤에는 사람이 있다는 거예요. 컴퓨터랑 하는 게임처럼 마음대로 하면 절대 안 돼요. 상대방이 상처받을 수 있거든요. 마인크래프트에서 친구가 공들여 만든 건물을 폭파시켰을 때, 정말 미안하고 싸움날 뻔했다는 말이 생각나지요? 마인크래프트가 현실이 아니고 가상현실처럼 보이지만, 그것을 조정하는 것은 사람이에요. 캐릭터를 때려도 범죄가 되어서 잡혀가지는 않겠지만, 그 캐릭터를 조정하는 사람은 큰 상처를 입을 수도 있어요. 메타버스에도 사람의 마음이 많이 들어가 있답니다.

게더타운에서 친구를 만나기로 했어요. 그런데 친구가 나타나지 않았습니다. '어차피 가상의 인물인데, 기다리겠어?' 이렇게 생각하시나요? 게더타운에서 만날 친구를 기다리는 것도 실제 사람이 하는 것이라는 것을 잊지 않아야 해요. 실제로 약속 장소까지 움직이는 것은 아니지만 시간을 내고 마음을 쓴다는 것은 분명한 사실이에요. 사람에 대한 존중이 메타버스를 더욱 빛나게 한다는 것을 명심하세요.

인터뷰 마인크래프트를 너무 좋아하는 4학년 친구들
김규민, 조희겸

마인크래프트를 너무 좋아해서 친구들과 함께 영상을 찍어서 유튜브에 올리고 있어요. 동생이랑 마인크래프트를 하기도 하고 친구들과 하기도 해요. 좀비와 싸우는 것보다 내가 살고 있는 마을이나 수영장, 도서관 등을 만들고 친구들과 놀아요.

그러다 보니 나쁜 행동도 할 수 있지만, 그것을 못 하게도 할 수 있어요. 저는 친구들과 사이좋게 게임을 하려고 높임말 쓰기, 건물 부서뜨리지 않기, 밭을 망가뜨리지 않기, 집에 불 지르지 않기 등 규칙을 정해서 게임을 해요. 무엇보다 가장 중요한 규칙은 시간을 정해놓고 게임을 하고, 그 시간을 어기지 않도록 노력하는 거예요.

 함께 살펴보면 좋아요

교과서 6학년 《실과》 5단원 〈쉽게 배우는 소프트웨어와 프로그래밍〉
소프트웨어가 우리 생활을 변화시키는 내용과 함께 살펴보아요.

인물탐구

이 시대의 과학자
경북대학교 지구과학교육학과 교수
이효녕

여러분들은 과학자라고 하면 무엇이 떠오르나요? 흰 가운을 입고 실험을 하는 과학자의 모습이 생각나지요?

과학과 교육학이라는 학문을 연구하고, 과학 선생님을 꿈꾸는 대학생과 초·중·고등학교 과학 선생님을 가르치는 과학교육학과 교수님도 과학자에 해당한답니다. 이 시대의 과학자로, 경북대학교 지구과학교육학과 교수님이면서 한국지구과학올림피아드KESO 위원장이신 이효녕 교수님을 소개하고자 합니다.

Q 이 교수님께서는 어떻게 지구과학교육과 교수님이 되셨나요?

저는 지구과학교육을 전공으로 대학교를 졸업한 후, 지질학 분야를 더 공부하고 싶어서 대학원 석사 과정에 입학했습니다. 석사 공부를 하고 있을 때 1996년 대전에서 개최되었던 과학교육에 대한 국제세미나에 참석했습니다. 미국 학자인

마이어 박사님Dr. Mayer과 포트너 박사님Dr. Fortner을 만나게 되었고 '지구과학교육학'이라는 분야에 새롭게 눈을 뜨고 이 분야에 대한 공부 여행을 시작하게 되었습니다. 세미나에 참석한 후 미국 유학 준비를 해서 1998년 미국 오하이오주립대학교에 입학하였고 과학교육학으로 석사 학위와 박사 학위를 취득했습니다.

박사 학위를 마친 후 미국에서 연구원으로 근무하던 중 경북대학교 지구과학교육과에 지원을 하게 되었고, 2004년부터 현재까지 경북대학교 지구과학교육과에서 학생들과 선생님을 가르치며 연구를 하고 있습니다.

Q 과학을 물리학, 화학, 생명과학, 지구과학으로 분류하는데, 교수님께서 지구과학교육학과를 선택하시게 된 이유는 무엇인가요?

어려서부터 돌이나 화석에 관심이 많았고, 중학생 때 생일 선물을 받았던 작은 천체 망원경을 통해 달과 같은 천체를 관측하는 것을 좋아했습니다. 고등학생이 되었을 때 생활이 어려운 학생들을 야간에 가르치는 일을 도와주면서, 사람의 마음을 변화시키고 미래를 준비시켜주는 교육에 대한 중요성을 알게 되었습니다. 그래서 대학교의 전공 분야를 선택할 때 지구과학 분야로 공부를 하고 싶었고, 교육자가 되는 꿈도 가지고 있었어요. 두 가지를 모두 할 수 있는 지구과학교육과에 입학했습니다. 지구과학은 다른 과학 분야와 다르게 지권땅, 수권물, 바다, 기권공기, 우주 등을 다루는 학문이에요. 지구과학의 현상은 우리가 쉽게 접하고 경험하기 힘든 것도 있지만, 대부분은 우리의 생활에 밀접하게 관련되어 있습니다. 예를 들어, 날씨와 관련된 기상 현상비, 눈, 우박 등은 사람들의 생활에 큰 영향을 미치고 있습니다. 최근 지구온난화가 심각해지면서 산불이 발생하고, 태풍이 생기면서 많은 피해를 주고 있습니다. 앞으로 지구과학 분야는 점점 더 중요해지고 주목을 받을 것이라고 생각합니다. 여러분의 미래 직업이나 진로를 지구과학 분야를 적극적으로 생각해보기 바랍니다. 저는 지구과학교육과에 입학해서 공부한 것을 자랑스럽게 생각합니다.

Q 교수님께서는 우리가 미래 사회를 준비하기 위해 융합교육(STEAM)이 필요하다고 강조하시고, 대학생, 대학원생뿐만 아니라 초, 중, 고등학생을 대상으로도 융합교육에 대해 많이 강연을 하시는데요. 융합의 의미와 융합교육이 무엇인지 궁금합니다.

과학기술과 산업이 발달하고 다양한 분야의 연구가 이루어지면서, 어떤 한 분야 혼자서는 미래를 대비하고 계속해서 발전하는 데 어려움이 생기고 한계가 발생했습니다. 그래서 다양한 분야가 함께 발전하고 도약하기 위해 서로 구별이 없이 하나로 합치게 되었어요. 이를 융합이라고 합니다. 다시 설명하면 A와 B라는 분야가 만나서 C라는 새로운 분야가 되는 것을 융합이라고 생각하면 됩니다.

$$A + B \Rightarrow C$$

융합교육은 미래를 대비하고 미래 사회를 살아갈 학생들에게 필요한 능력을 교육시키는 것입니다. 미래의 인재들에게는 어떤 능력이 필요할까요? 우리나라 교육과정에서는 미래에 학생들에게 필요한 능력은 창의적 사고력, 의사소통 능력, 문제해결력, 정보처리 능력, 자기관리 능력이라고 하였습니다. 이와 같은 다양한 능력은 교육을 통해 향상될 수 있는데, 이러한 교육 분야를 융합교육 또는 STEAM 교육이라고 부릅니다. STEAM에서 S는 과학Science, T는 기술Technology, E는 공학Engineering, A는 예술Arts, 그리고 M은 수학Mathematics입니다. STEAM 교육융합교육은 이러한 다양한 분야의 지식을 적용하여 실생활과 관련된 융합적 문제를 해결할 수 있는 기초적인 능력을 배양하는 데 초점을 두고 있습니다.

Q 과학교육과 교수님이랑 과학 선생님이랑 무엇이 다른가요?
과학교육과 교수님들은 과학에 대한 내용을 전공하는 교수님과 과학교육을 전공하는 교수님으로 구성되어 있습니다. 예를 들어 경북대학교 지구과학교육과의 경우 천문학, 지질학, 기상학, 지구물리학을 전공한 교수님들이 한 명씩 있고, 지구과학교육을 전공한 교수님이 한 명 근무하세요.

초·중·고등학교 과학 선생님은 학생들에게 과학을 가르치지만, 대학교 과학교육과 교수님은 앞으로 교사가 되고 싶은 대학생들을 교육하는 것이 가장 큰 차이점입니다. 좋은 지구과학 선생님이 되려면 우선 교과의 내용에 대해 잘 알아야 합니다. 그래서 대학생들은 교수님들로부터 천문학, 지질학 등의 내용과 지식을 배우고 실험이나 실습을 합니다. 또한 지구과학교육을 전공한 교수님은 지구과학을 잘 가르치기 위해 필요한 지식, 과학적 탐구 능력, 문제 해결력, 의사소통 등을 가르치십니다. 초·중·고등학교 과학 선생님은 교과서에 기술된 여러 가지 과학 내용과 탐구를 가르치지만, 대학교 교수님들은 본인이 전공한 분야에만 초점을 두고 가르치게 됩니다. 끝으로 과학교육과에서는 좋은 교사가 되기 위해 교육 실습, 교육 봉사와 같은 활동도 한답니다.

Q 교수님께서 위원장을 맡고 있는 국제지구과학올림피아드(IESO)와 한국지구과학올림피아드(KESO)는 어떤 대회인가요? 어떤 학생들이 참여를 하나요?

국제지구과학올림피아드IESO는 중·고등학교 학생들이 수학, 물리, 화학, 정보, 생물, 천문, 지구과학 등의 분야에서 지식과 탐구 능력을 겨루는 세계 최고 수준의 학생 대회입니다. 제가 위원장을 맡고 있는 한국지구과학올림피아드KESO를 통해 지구과학 분야에 재능있는 학생들을 국가대표로 선발하여 국제지구과학올림피아드에 출전시킵니다.

지구과학에 관심 있는 학생들이 한국지구과학올림피아드에 지원하면, 온라인 기초와 심화 교육, 팀 프로젝트 교육, 야외 탐구 교육, 응용 교육 등을 받을 수 있습니다. 우리나라 대표로 출전하여 세계 우수 과학 인재들과 교류하면서 선의의 경쟁을 펼치게 됩니다.

2019년에는 우리나라에서 국제지구과학올림피아드가 개최되었고, 제가 행사위원장을 맡았습니다. 43개국 179명이 참가하였는데, 우리나라는 4명의 대표 학생이 모두 금메달을 수상하여 종합 1위를 했습니다. 현재는 코로나-19로 인해 온라인으로 진행되고 있지만 2023년부터는 다시 오프라인으로 대회가 개최될 예정입니다. 여러분이 지구과학이나 다른 과학 분야에 관심이 있으면 국제과학올림피아드에 도전해보기 바랍니다.

Q 과학을 꼭 잘해야 하나요? 과학 공부를 잘하려면 어떻게 하는 게 좋을까요?

친구들을 보면 좋아하는 과목이 다릅니다. 어떤 친구는 과학을 좋아할 수 있고, 다른 친구는 국어를 좋아할 수 있습니다. 이처럼 모든 학생들이 과학을 좋아하고, 잘할 수는 없습니다. 그렇지만 우리의 생활은 과학과 밀접하게 관련되어 있고, 우리가 살면서 부딪치는 문제를 잘 해결하고 중요한 의사결정을 할 때 여러분이 학교에서 배우는 과학 지식이 필요할 때가 있습니다. 또한, 자연 현상에 대해 이해하고 그 현상이 여러분의 생활, 직업, 취미와 어떻게 관련되어 있는지를 정확하게 알기 위해서는 과학 지식이 꼭 필요하고 과학과 관련된 능력들을 공부해야 합니다.

'우리 생활에서 볼 수 있는 현상은 왜 일어날까? 이 현상은 우리들에게 어떤 영향을 미칠까? 이 현상은 앞으로 어떻게 변하게 될까?' 등에 대해 탐구하고 대답을 찾기 위해서는 여러분이 학교에서 배우는 과학 지식을 알아야 합니다. 그러므로 미래 사회를 대비하고 똑똑하게 생활하기 위해 과학을 어느 정도 알고 있는 것이 중요합니다.

그럼 어떻게 하면 과학을 잘할 수 있을까요? 과학은 일상생활에서 일어나는 자연 현상을 탐구하는 교과입니다. 예를 들어, 여러분의 생활 속에서 관찰할 수 있는 날씨, 바람, 초록색의 나뭇잎, 흰 구름, 돌멩이, 달의 모양 등 이 모든 것들은 과학으로 설명할 수 있습니다. 그러므로 여러분 주변이나 생활 속에서 접할 수 있는 소재를 대상으로 의문을 갖고 탐구 활동을 하면 과학을 잘할 수 있습니다. 여러분 스스로 자연 현상에 대해 알고 싶은 것을 생각해보고 왜 그럴지 어떻게 탐구할지를 고민하고 직접 탐구해보면 과학 지식과 관련된 능력을 차근차근 기를 수 있어요.

미래 사회를 살아가야 할 우리 어린이들에게 하고 싶은 말씀 한마디 해주세요.

미래 사회는 지금보다 융합이 더 강조된 '융합기술시대'가 될 것입니다. 여러 가지 분야들이 서로 융합하여 발전하는 세상에서 훌륭한 인재가 되기 위해서는 과학에 흥미와 재미를 가져야 합니다. 미래 사회에서 살면서 생기는 과학과 관련된 문제를 해결하기 위해 과학 지식을 적합하게 활용하고 과학적으로 생각하고 그 방법을 찾을 수 있는 능력을 어려서부터 키우는 것이 중요합니다. 또한 과학뿐만 아니라 기술, 공학, 사회 문제에 관심을 가지고 이러한 문제를 어떻게 하면 과학적으로 해결할 수 있을까에 대해 스스로 탐구하고 계속해서 학습해 나가는 능력을 기르는 것이 중요합니다. 앞으로 과학을 어렵게 생각하지 말고 과학을 탐구하고 배우는 재미에 흠뻑 빠져서, 우리나라의 미래 발전에 기여할 수 있는 과학자가 되기를 기대합니다.

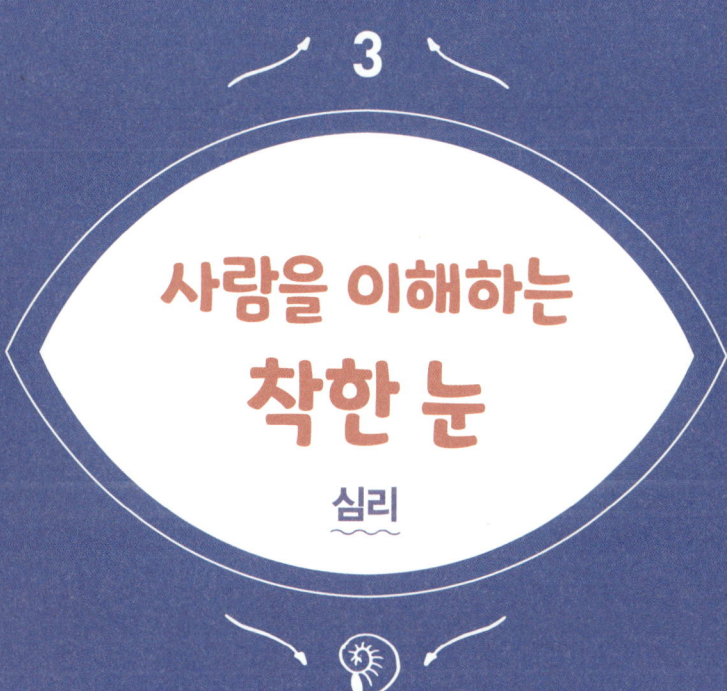

자존감

한정판 운동화를 사면
잘난척쟁이인가요?

?

Q 한정판 운동화 사진
카톡프사에 올리면 안 되나요?

선생님, 제가 6달 동안 용돈을 모아서 진짜 사고 싶었던 유명 브랜드 한정판 운동화를 샀어요. 한국에 없어서 엄마를 조르고 졸라서 직구로 샀거든요. 운동화가 왔는데 세상에 엄청 멋진 거예요. 그래서 바로 카카오톡 프로필 사진에 올렸더니 애들이 저한테 잘난척쟁이래요. 비싼 운동화 사고 좋아서 카톡프사에 올린 게 잘난 척인가요?

내 눈에 멋지다고 남의 눈에도 멋져 보일까요?

 잘난 척인지 아닌지 이야기하려면 그 운동화를 왜 샀는지에 대해 먼저 이야기해봐야 할 것 같아요. 돈이나 브랜드와 상관없이 내 눈에 멋져 보여서 산 운동화라면 자기만족이라고 남이 뭐라 할 수 없어요.
 그런데 내 마음과는 상관없이 다른 친구들이 그 운동화를 보고 부러워하길 바라는 마음에서 샀거나, 다른 사람을 따라서 그 운동화를 샀다면, 일부러 드러내고 뽐내기 위해 산 '과시 소비'라고 할 수 있으니 문제가 있겠죠?

과시 소비가 뭔가요?

과시란 자신이 지닌 것을 일부러 드러내어 뽐내는 것을 뜻해요. 그리고 소비의 뜻은 돈, 물건, 시간 등을 써서 없애는 것을 말한답니다. 결국 과시 소비란 다른 사람에게 보이기 위해 돈을 사용하는 모든 행동을 뜻하는 말이라고 할 수 있어요.

과시 소비를 하는 이유

사람들이 과시 소비를 하는 마음을 잘 설명한 말로 파노플리 효과Panoplie effect라는 것이 있어요. 파노플리 효과란 어떤 물건을 사면 그 물건을 사는 다른 사람과 내가 같은 무리라고 생각하는 현상을 뜻해요. 예를 들어 비싼 운동화를 신은 연예인을 보고 '운동화 멋지다. 나도 저 운동화를 신으면 연예인처럼 보이겠지.'라는 마음으로 물건을 사는 것이 파노플리 효과예요.

사람들에게 이런 마음이 생기는 이유는 두 가지가 있어요. 하나는 비싼 물건을 사서 나도 멋진 운동화를 신은 누군가처럼 특별해 보이고 싶은 마음이에요. 또 다른 하나는 비싼 물건을 쉽게 살 정도로 능력 있는 무리로 보이고자 하는 마음이랍니다.

어른들도 그래요

과시 소비를 하는 마음은 어린이뿐만 아니라 어른들에게도 있어요. 어떤 어른들은 명품이라고 불리는 물건을 사기 위해 새벽부터 백화점 앞에 줄을 서기도 해요. 이런 모습을 가게가 '문을 연다.'는 뜻의 오픈과 '달려간다.'라는 런을 합쳐 오픈런이라고 불러요. 오픈런은 유명 커피 전문점 앞에서도 볼 수 있어요. 어떤 커피 전문점은 커피를 마실 때마다 스티커를 주는데 그 스티커를 정해진 개수만큼 모으면 굿즈라고 불리는 기념품으로 바꿀 수가 있어요. 그래서 그 브랜드 굿즈를 얻기 위해 어떤 어른들은 커피를 열심히 사 먹고, 새벽에 오픈런을 하기도 한답니다.

> **굿즈**
>
> 굿즈는 영어로 goods이지만 사실 영어 그대로의 뜻은 상품, 제품, 물품 같은 광범위한 뜻을 내포하고 있습니다. 하지만 한국에서 사용하는 굿즈 뜻은 캐릭터 상품, 팬시 상품 등을 의미합니다. 대중문화에서는 연예인 관련 소품 및 영상 사진, 캐릭터가 그려진 티셔츠, 스티커 액세서리 등을 의미합니다.

대표적인 스타벅스의 굿즈들

플렉스FLEX 인증

플렉스 FLEX

사전적으로는 '구부리다', '몸을 풀다'라는 뜻입니다. 그런데 1990년대 미국 힙합 문화에서 래퍼들이 부나 귀중품을 뽐내는 모습에서 유래되어 젊은 층을 중심으로 '(부나 귀중품을) 과시하다, 뽐내다'라는 뜻으로 쓰이고 있습니다.

과시 소비의 또 다른 문제는 과소비를 부추길 수 있다는 것입니다. 여러 물건을 산 후 그 물건에 대해 평가하는 하울 영상이 유튜버들 사이에서 유행이에요. 하울 영상을 촬영하는 초등학생 유튜버들도 많은데 꽤 비싼 물건들로 플렉스 인증을 한답니다.

플렉스란 '돈 자랑을 한다'는 뜻으로 주로 랩과 같은 대중음악에서 사용되는 새로운 말, 즉 신조어예요. 다른 사람에게 자랑하기 위한 플렉스 인증 때문에 필요하지도 않은 비싼 물건을 사는 것은 합리적이지 못하고, 때론 경제적으로 손해가 될 수 있는 과시 소비라 문제가 많아요.

과시 소비가 왜 문제인가요?

우리 어린이들에게도 유튜버들이 인기가 많죠? 얼마 전 유명한 유튜버 한 명이 그동안 방송에서 보여준 명품 옷과 가방 등이 가짜로 밝혀져 엄청난 비난을 받고 방송을 잠시 멈춘 사건이 있었어요. 그 유튜버의 방송을 보며 같은 제품을 따라 산 사람들이 많았기 때문에 문제가 되었죠.

방송에 나온 제품을 사면 자신도 유튜버처럼 예쁘고, 비싼 명품을 쉽게 살 수 있는 능력 있는 사람으로 보이게 될 거라는 파노플리 효과가 작용했어요. 그런데 그렇게 예쁘고 잘나 보였던 유튜버의 물건들이 가짜라고 하니 물건을 산 사람들은 굉장히 속상했겠죠?

이렇듯 파노플리 효과 때문에 하게 되는 과시 소비는 자신이 진짜 원해서 사는 것이 아니라 다른 사람을 따라서 사기 때문에 문제가 된답니다.

그 운동화가 네 눈에도 멋진 운동화가 맞나요?

1962년 미국에서 재미있는 실험을 했어요. 엘리베이터에는 연기자들이 타고 있었는데 그 사람들은 모두 엘리베이터 벽을 바라보고 있었어요. 그리고 아무것도 모르는 사람들이 엘리베이터를 타길 기다렸어요. 처음 엘리베이터에 탄 사람은 평소 습관처럼 엘리

베이터 문을 보았어요. 그런데 자신을 제외한 모두가 벽을 바라보고 있자 점점 불안한 표정을 감추지 못하더니 곧 그 사람도 엘리베이터 벽 쪽으로 몸을 돌리는 모습을 보였어요. 엘리베이터에 탄 모든 사람이 똑같은 행동을 했답니다.

과연 옛날 사람들만 그럴까요? 개성 강해진 요즘 사람들은 혹시 다르지 않을까요? 50년이 지난 2012년 한국에서 같은 실험을 했는데 모두 엘리베이터 벽 쪽으로 몸을 돌렸어요. 이렇게 여러 사람을 똑같이 따라 하는 것을 군중심리라고 해요.

내가 사고 싶은 운동화가 내 눈에 진짜 멋져 보이는 걸까요? 아니면 유명인이 신어서 멋져 보이는 것은 아닐까요? 혹은 여러 사람이 멋지다고 얘기해서 나도 따라서 멋져 보이는 걸까요? 이 질문에 대한 해답은 여러분들이 제일 잘 알겠죠?

명품을 사는 건 모두 과시 소비인가요?

그건 아니랍니다. 조○○ 엄마의 이야기를 한번 들어볼래요?

조○○   엄마, 왜 가방을 보고 그렇게 웃어?
엄마   좋아서!
조○○   저 가방이 그렇게 좋아?
엄마   응, 그렇게 좋아. 저 가방이 너무 예뻐서 저걸 사려고 정말 열심히 일했어. 엄마는 이제 새 가방 필요 없어. 저 가방을 보면 내가 얼마나 열심히 살았는지가 기억나서 참 만족스럽고 좋아.

앞에서 본 엄마처럼 다른 사람들이 다 사는 명품이라도 자신에게 그 물건이 정말 멋져 보여서 산 사람은 과시 소비라고 할 수 없어요. 과시 소비는 자신의 마음보다 다른 사람이 어떻게 생각하는지를 더 중요하게 생각하며 물건을 사는 마음이에요. 자신의 마음이 아니라 다른 사람의 마음을 신경 쓰며 나를 꾸민다면 얼마나 피곤하겠어요. 또 자신의 진짜 모습을 보여주지 않고 비싼 물건을 살 수 있는 사람으로 자신을 자랑하는 것도 문제가 된답니다.

 함께 살펴보면 좋아요

교과서 6학년 1학기 《사회》 2단원 〈우리나라 경제 체제의 특징〉
가계의 합리적 선택 방법을 공부할 때 함께 살펴보아요.
교과서 6학년 《도덕》 3단원 〈아름다운 사람이 되는 길〉
참된 아름다움을 공부할 때 함께 살펴보아요.

다양성

좋은 성격과 나쁜 성격이 따로 있나요?

?

Q 좋은 성격과 나쁜 성격이 따로 있나요?

> 요즘 우리 반 아이들 사이에서는 카카오톡 프로필의 배경 화면에 MBTI 성격유형을 넣는 것이 유행이에요. 근데 저는 INTJ라서 친구들처럼 당당하게 못 넣겠어요. 아싸_{아웃사이더를 빠르게 발음한 말} 순위 1위인 INTJ를 넣자니 친구들이 성격 안 좋다고 놀릴 것 같고, 그냥 ESTP 같은 것을 넣으려니 거짓말하는 것 같아서 마음이 안 좋아요. 진짜 다른 사람과 쉽게 어울리는 활발한 성격은 좋은 성격이고, 저처럼 소심한 성격은 어른이 되면 회사에서도 안 뽑는 안 좋은 성격이 맞나요?

MBTI 성격유형 검사의 탄생

사람의 성격을 비슷한 것끼리 묶어 성격유형이라는 것을 제일 처음 만든 사람은 스위스의 카를 구스타프 융Carl Gustav Jung이라는 심리학자인간의 마음과 생각을 공부하는 사람들예요. 융은 1921년 자신의 책에서 사람은 3가지의 성격 선호도좋아하는 정도와 8개의 성격유형이 있다고 했어요.

융의 이론은 전 세계적으로 알려졌고, 많은 사람들에게 영향을 주었습니다. 특히 MBTI

카를 융

를 만든 캐서린 브리그스Katharine C. Briggs는 인간의 성격에 대해 공부를 하던 중 융의 책을 알게 되면서 자신의 생각을 보충할 수 있었어요. 브리그스는 자신의 딸인 이사벨 브리그스 마이어스 Isabel Briggs Myers와 수년간의 공부를 통해 인간의 성격을 4가지의 성격 요소와 16가지의 성격유형으로 정리했답니다. 특히 딸인 마이어스는 성격유형을 알아볼 수 있는 검사지를 만들었어요.

이렇게 탄생한 것이 요즘 유행하는 MBTI 성격유형 검사이며, 정확한 이름은 마이어스-브리그스의 유형지표MBTI Myers-Briggs Type Indicator라고 불려요. 즉, 마이어스와 브리그스가 만든 성격을 나누는 검사가 바로 MBTI랍니다.

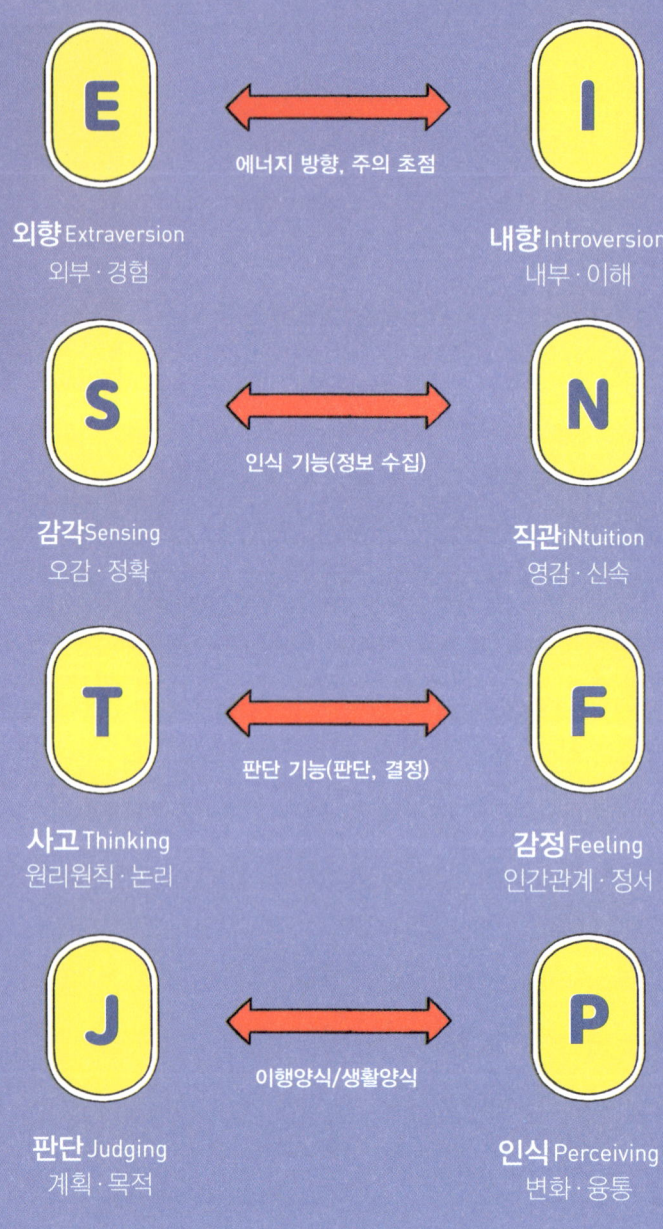

성격을 결정하는 4가지 요소

이제 MBTI가 어떻게 사람의 성격을 구분하는지 알아볼까요? MBTI에서 성격을 결정하는 4가지 요소는 에너지 방향(E와 I), 인식 기능(S와 N), 의사결정(T와 F), 생활양식(J와 P)이라 불리는 성격 요소에요. 사람들은 이 4가지에 대해 각각 반대되는 생각과 사용법이 있어 결국 8가지의 선호도가 만들어져요. 조금 어렵게 느껴지는 단어들이죠? 지금부터 차근차근 8가지의 선호도에 대해 알아보면서 어려운 4가지의 요소도 함께 이해해볼게요.

8가지 선호도

먼저, 에너지의 방향이라는 것은 여러분이 어떤 일을 할 수 있는

힘을 어디에서 얻는지로 구분된답니다. 밖에서 친구들과 열심히 뛰어놀거나 이야기를 하며 힘을 얻는 사람은 외향(E)이고, 혼자 조용히 음악을 듣거나 책을 읽으며 힘을 얻는 사람은 내향(I)에 가까워요.

다음으로, 새로운 정보에 대해 어떻게 생각하느냐에 따라 감각과 직관으로 나눌 수 있어요. 감각은 보고 듣고 냄새 맡는 것처럼 몸으로 받아들이는 것을 말하고, 직관은 어떤 것을 느낌으로 곧바로 아는 것을 말해요. 풍선을 보고 색과 모양 등 오감으로 관찰 가능한 것을 그대로 말하는 친구들은 감각형(S)이고, 어린 시절 기억처럼 풍선을 보고 떠오르는 생각을 말하는 친구들은 직관형(N) 쪽에 가까워요.

그다음으로 어떤 결정을 내리는 방법에 따라 사고형과 감정형으로 구분해요. 사고란 생각하는 것을 말하고, 감정이란 기쁨, 슬픔, 두려움, 노여움처럼 어떤 일을 겪을 때 든 느낌을 말해요. 나의 절친이 복도에서 뛰었다는 사실에 대해 벌점이 몇 점인지 알려주는 친구들은 사고형(T)이고, 복도에서 뛰었다는 사실보다 친구가 뛴 이유가 더 궁금하고 벌점을 받아 안타까운 친구들은 감정형(F)에 가까운 거죠.

마지막으로 살아가는 방식에 따라 판단과 인식으로 구분해요. 판단형(J)들은 자신에게 주어진 상황에 대해 미리 생각을 정리하기 때문에 계획을 중요시해요. 따라서 여행 가기 전날 미리 필요한 물건들을 가방에 챙겨두는 경우가 많아요. 하지만 인식형(P)들은 경험을 통해 깨닫기 때문에 미리 준비하기보다 자유롭게 현재를 즐기는 경향이 있어요.

딱 짜여진 일정이 아니라 여행 당일 아침에 눈에 보이는 것들을 가방에 던져 넣는 경험도 즐기는 사람들이니까요.

16가지 성격유형

성격을 결정하는 4가지 요소는 각각 반대되는 두 개씩의 선호도로 표현된다고 했어요. 각 선호도의 영어 첫 글자인 I(내향)와 E(외향), S(감각)와 N(직관), F(감정)와 T(사고) 그리고 J(판단)와 P(인식)의 8개 알파벳을 가능한 모든 조합으로 만들어보면 총 16개의 성격유형이 만들어집니다. 수학 시간에 배우는 확률을 계산하는 법에 따르면, 각각 2개의 경우를 4번 반복하니까 '$2 \times 2 \times 2 \times 2 = 16$'이 되기 때문이에요.

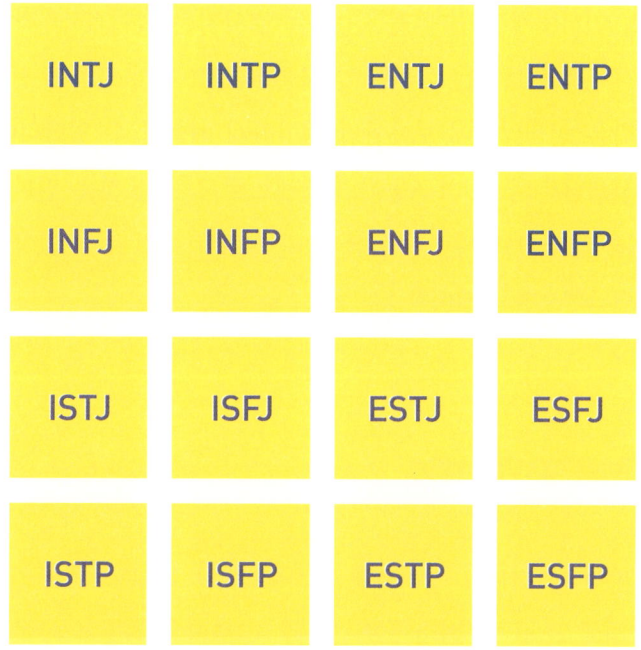

우리나라의 MBTI 검사지

앞에서 MBTI는 미국인 마이어스와 브리그스가 만들었다고 했죠? 영어로 되어 있는 이 검사를 처음 한국에 소개한 것은 1990년 심혜숙과 김정택이라는 두 명의 박사님들이었어요. 두 박사님은 우리나라에서도 MBTI 검사를 활용할 수 있도록 선생님들을 교육하는 기관을 세웠어요. 그리고 그 기관을 통해 MBTI를 공부한 선생님들이 많아지게 되면서 우리나라에서도 MBTI가 유명해졌답니다. 현재까지도 우리나라에서 정식으로 MBTI 전문 검사를 할 수 있는 곳은 두 박사님이 만든 ㈜한국 MBTI 연구소밖에 없어요.

사실 인터넷에서 쉽게 볼 수 있는 검사지는 간이검사지라서 정확한 검사라고 보기는 어려워요. 물론 MBTI 검사 결과도 전문 교육을 받은 선생님들이 보아야만 정확하게 해석할 수 있답니다. 그래서 선생님은 우리 친구들이 인터넷으로 검사한 것을 진짜 나의 성격이라고 믿기보다는 재미 삼아 내 성격이 이럴 수도 있다는 정도로 생각했으면 좋겠어요.

어린이용 검사 MMTIC

인터넷에서 MBTI 성격유형 검사를 해본 친구들이 있을 겁니다. 그런데 혹시 그 검사지의 내용을 이해하기 어렵지 않았나요? MBTI 검사지는 성인을 위한 검사일 뿐만 아니라 영어를 우리나라 말로 번역한 것이기에 우리 어린이들이 문항 자체를 이해하기가 어려울 수 있어요.

대신 어린이·청소년용을 위한 성격유형 검사지인 MMTIC가 있어요. MMTIC는 8세에서 13세를 대상으로 만든 검사지이기 때문에 MBTI보다 쉬운 문장으로 이루어져 있답니다.

좋은 성격 VS 나쁜 성격

어느 날 선생님에게 한 친구가 "선생님, 저는 INTJ라서 아싸인가 봐요. 제 성격 너무 안 좋아요."라는 말을 했어요. 물론 그 친구는 전문 검사를 받지 않았기에 진짜 INTJ인지 모르겠어요. 하지만 그 말을 듣고 선생님이 더 놀란 것은 I(내향)라서 자신을 아싸라고 표현한 것이에요. 자신을 친구들과 어울리지 않고 겉도는 사람인 아싸로 알고 있어요. 물론 I(내향)가 혼자 있는 시간을 즐기는 것은 맞아요. 그렇다고 혼자 있는 시간을 즐긴다고 해서 친구들과 어울리지 못하는 것은 아니랍니다. 아무에게나 말 거는 것이 쉽지 않을 뿐 I(내향)들도 새 친구를 잘 사귈 수 있고, 사귄 후에는 오래 우정을 유지할 수 있어요.

이렇듯 16가지 성격유형은 저마다의 장점과 단점을 가지고 있어요. 세상에는 완벽한 사람이 없듯 모두가 장점과 단점을 골고루 가지고 있다는 뜻이에요. 특히나 MBTI는 말 그대로 성격유형 검사예요. 그냥 비슷한 성격끼리 묶어서 설명한 것이랍니다. 성격이 서로 다르다는 것이지 당연히 좋은 성격이나 나쁜 성격이 따로 있는 것은 아니에요.

성격을 알면 좋은 점

나의 성격을 잘 알고 있으면 좋아요. 그런데 더 중요한 것은 나의 성격과 친구의 성격을 함께 아는 것이랍니다. 나와 친구의 성격이 서로 다르기에 좋아하는 것도 싫어하는 것도 다를 수 있다는 것을 인정하는 것은 매우 중요한 일이에요.

MBTI는 사람의 특성을 16가지의 성격유형으로 나누고 있어요. 하지만 이것은 어느 쪽에 가깝다는 것을 뜻하는 것이지 성격이 정확하게 16가지로 구분된다는 것은 아니랍니다. 이 세상 모든 사람은 똑같은 외모가 없듯 똑같은 성격도 없어요. 비슷한 점도 있고, 다른 점도 있지요. 결국 성격을 알면 좋은 점은 나의 성격과 친구의 성격을 함께 알게 되고, 서로의 성격을 이해해주는 배려를 할 수 있기 때문이랍니다.

진짜 나에 대해 생각해보는 시간을 가지세요

마지막으로 여러분에게 꼭 하고 싶은 말은, 나의 성격을 가장 잘 아는 사람은 '나'라는 사실입니다. MBTI 검사는 자기 보고식 검사입니다. 즉, 우리가 우리 스스로 "내 성격은 이러이러해."라고 직접 보고한 거죠. 우리는 이미 우리 자신에 대해 잘 알고 있습니다. 내가 어떻게 세상을 바라보고, 어떤 방식으로 결정을 하는지 자기 안의 목소리에 귀를 기울여보라는 이야기를 하고 싶어요. 나의 성격에 대해 생각해보고, 내 주변의 사람들은 나와 어떻게 다른지 생각해보는 시간이 매우 중요합니다. 결국 우리 모두의 성격이 가장 좋은 성격입니다.

인터뷰 전문상담교사가 본 MBTI 검사의 유행
장유림 선생님

사실 MBTI 검사가 대중화되면서 많은 학생들이 MBTI 검사를 통해 자신의 성격뿐만 아니라 서로의 성격에 대해 관심을 가지게 되었다는 점은 긍정적으로 볼 수 있어요. 하지만 16가지 유형으로 모든 사람의 성격을 판단해버리는 점은 아쉬운 부분인 것 같아요. 어느 정도 공통점을 발견할 수 있지만 그게 그 사람을 표현하는 전부는 아니거든요.

우리는 글씨를 쓸 때 오른손을 쓰나요? 왼손을 쓰나요? 어느 쪽을 쓰는 것이 옳다고 할 수 있을까요? 각자 편하고 익숙한 손이 다를 뿐 어느 한쪽이 맞거나 틀렸다고 할 수 없어요. 우리의 마음도 이처럼 각자 편안하게 느끼고 좋아하는 방식이 다를 뿐입니다. MBTI 검사는 그 다름을 이해하고 자기 탐색을 돕는 하나의 도구일 뿐이지 사람을 판단하는 잣대로 쓰일 순 없음을 꼭 말해주고 싶어요.

 함께 살펴보면 좋아요

교과서 6학년 《도덕》 1단원 〈내 삶의 주인은 바로 나〉
자신의 강점을 발전시키고, 약점을 보완하는 수업 내용과 함께 살펴보아요.

인물탐구

이 시대의 심리학자
마음이 아픈 사람들에게 희망의 씨앗을
심어주는 심리상담사!

임소연

여러분은 하루에도 수십 번 이상 변하는 자신의 마음을 잘 이해할 수 있나요? '내 마음이 왜 이러지?' 의문이 들 때는 없었나요? 내 마음을 나도 모를 때가 많은데 마음의 문을 닫고 아픔을 겪고 있는 사람들의 마음을 헤아려 상처를 어루만져주고 자신의 삶을 살아갈 수 있도록 도와주는 일, 우리가 느끼는 것보다 훨씬 힘들고 어려운 일일 거라 짐작됩니다.

그 힘든 일을 열심히 공부하며 묵묵히 해내고 있는 분이 있어 소개하고자 해요. 칠곡군 가족센터에서 심리상담사로 일하고 계신 임소연 선생님은 아픔 없이 크는 꽃도 나무도 없듯이, 성숙한 어른으로 진정한 자신의 삶을 살기 위해서는 반드시 힘들고 어려운 상황에 맞닥뜨리게 되는 순간이 찾아온다고 말합니다. 하지만 그 순간을 겁내거나 피하지 말고 슬기롭게 잘 헤쳐나갈 수 있는 용기가 필요하다고 이야기하고 있습니다. 임소연 선생님이 심리상담사로서 마음이 아픈 사람들을 위해 어떤 일을 하고 있는지 함께 이야기 나누어보도록 해요.

Q 선생님께서 근무하고 계신 경상북도 칠곡군 가족센터는 주로 어떤 일을 하는 곳인가요?

다문화가족, 한부모가족, 조손가족, 맞벌이가족, 일반가족 등 다양한 가족 지원을 위해 상담, 교육 및 문화프로그램이 결합된 맞춤형 통합서비스를 제공하고 있습니다. 여성가족부 산하 기관으로 각 시군에서 운영하고 있으니 가족센터 홈페이지에서 구체적인 사업을 확인할 수 있고 도움이 필요한 경우 상담을 신청할 수 있어요.

Q 마음이 힘든 사람들을 대상으로 상담을 시작하게 된 계기가 있으시다면 말씀해주세요.

누구나 살아가면서 힘들고 어려운 순간을 만나게 됩니다. 저 또한 그런 순간들을 수차례 겪었고 앞으로도 겪게 되겠죠. 하지만 그 힘든 순간을 지혜롭게 잘 견뎌낸다면 인생의 내공이 하나둘 쌓여서 용기가 생기고 살아갈 만하다는 자신감이 생기고 궁극적으로 진정한 나만의 삶을 살아낼 수 있다고 생각해요. 저는 그러한 삶을 살아갈 수 있도록 내담자 즉 상담하러 온 사람이 당장의 어려움으로 인해 보지 못하고 있는 부분을 볼 수 있도록 도와줍니다. 스스로 알고 있으나 찾지 못하고 있는 해결점을 찾아낼 수 있도록 거울을 비춰주는 역할을 합니다. 저 또한 거울과 같은 상담을 통해 많은 힘을 얻을 수 있었기 때문입니다.

Q 선생님께서 상담하시는 대상은 주로 어떤 분들인지 소개해주실 수 있을까요?

제가 지금 맡아서 하고 있는 사업은 다문화 배경을 가진 청소년들을 대상으로 진행하는 다문화 청소년 전문 상담입니다. 이들은 같은 문화 배경을 가진 가족 안에서 자라온 청소년들과 다른 점이 많습니다. 한 가족 안에 두 개 이상의 문화가 섞여 있어 다문화 청소년, 특히 다른 나라에서 살다가 우리나라로 들어온 중도입국 청소년들은 가치관에 혼란이 생길 수 있습니다.

가치판단을 할 때 어느 나라 문화를 우선으로 확립을 해야 하는 건지 혼란이 생길 수 있고, 이러한 점이 앞으로의 삶에 큰 영향을 끼칠 수 있습니다. 그들이 가진 다양성을 이해하고 지금 맞이하고 있는 그들의 청소년기가 힘들 수밖에 없음이 당연하다, 모자라거나 이상한 것이 아님을 깨닫게 하여 두 개 이상의 문화가 어우러져 더 아름다운 모습으로 본인을 사랑할 수 있고 자신감을 가지고 살아갈 수 있도록 지원을 하고자 합니다.

Q 선생님께서 상담을 하실 때 가장 중요하게 생각하시는 것은 무엇인지 말씀해주세요.

우리 청소년들은 크게 정신적인 문제가 있다고 생각하고 상담을 진행하지 않습니다. 올바른 가치관 확립, 작은 성공 경험을 통해 할 수 있다는 자기효능감과 자발성 향상, 어려울 때 도움을 요청하거나 현재 내가 할 수 있는 여러 가지 방안들을 생각해볼 수 있는 사고의 유연성을 키울 수 있도록 하는 것에 주안점을 두고 상담을 진행합니다.

Q 심리상담사로 일하시면서 보람을 느끼실 때는 언제인지, 어려움을 느끼실 때는 언제인지 말씀해주세요.

청소년 상담사로서 한계에 부딪혀 좌절할 때도 많았고 또 앞으로도 그러면서 이 일을 계속하고 있겠죠. 저는 지금 이 자리에서 제가 할 수 있는 최선을 다해 한 명 한 명을 위해 많은 고민을 하고 진실되게 상담하려고 합니다. '혹 깊이 경청하지 못해 놓치고 있는 부분이 있을까? 동원할 수 있는 주위 자원들 중에서 빠뜨린 부분은 없을까?' 등 이런 저의 고민들이 헛되지 않게 조금씩 변화되고 일상 궤도로 들어와 다시금 자신의 삶을 충실히 살아가는 모습을 보면 더할 나위 없이 뿌듯하고 힘이 납니다.

반대로 학생이 아무 노력도 하지 않고 무기력한 상태로 있을 때가 있습니다. 아직 변화의 준비가 되지 않아 기다림이 필요한 시기지요. 그럴 때 저는 상담이 어렵고, 커다란 벽을 만나 앞으로 나아가지 못하는 듯한 좌절을 느낍니다.

Q 초등학교 상담 선생님께서 '또래 상담가' 동아리를 운영하고 계십니다. 상담에 관심이 있는 학생들이 지원하고 상담 선생님의 지도하에 친구들의 말에 귀 기울이고 위로의 말을 전하기도 한답니다.

심리상담사가 되기 위해서는 어떤 능력을 갖추어야 하며, 어떤 공부를 해야 하는지 궁금합니다. 그리고 상담에 관심을 가지고 심리상담사가 되고자 하는 꿈을 가진 학생들에게 한 말씀 부탁드립니다.

저는 가장 중요한 심리상담사의 자질은 '사람에 대한 관심'이라고 생각합니다. 자신의 판단기준, 생각의 틀, 편견과 선입견 등을 다 내려놓고 상대에 대한 깊은 관심으로 상대의 생각의 틀로 지금의 상황을 이해하려고 노력하는 자세가 필요합니다. 칼 로저스 Carl Rogers라는 심리학자가 언급했듯이 '무조건적 긍정적 존중, 공감적 이해, 솔직함'의 태도로 임할 때 상대방의 아픔을 함께 어루만져줄 수 있을 거예요. 이후에 심리학, 상담학, 교육학 등 필요한 이론과 실천론을 배우고 익힌다면 전문가로서 제대로 된 상담이 이루어질 수 있을 것입니다.

학교에서 또래 상담가 활동을 하는 친구들의 이야기를 들으니 마음이 흐뭇해지네요. 훗날 심리상담사가 되고자 하는 꿈을 가진 친구가 있다면 마음이 힘든 친구들의 이야기를 들어주는 것만으로도 많은 위로가 될 수 있다고 말해주고 싶어요. 친구들에게 관심을 가지고 경청하는 태도를 꾸준히 길러나간다면 훌륭한 심리상담사로서 활동할 수 있을 거예요.

Q 심리상담사로서 앞으로의 계획이나 희망이 있으시다면 말씀해주세요.

저는 나쁜 행동을 바로잡아야 하는 중·고등학생부터 한부모가정, 조손가정, 다문화가정의 소외계층의 청소년들에 이르기까지 여러 문제를 가진 청소년들과 함께해 왔습니다. 자신의 실수로 어려움을 겪었든, 주위의 열악한 환경으로 인해 어려움을 겪고 있든 간에 이들이 자신이 가진 강점을 발견하고 본인을 소중한 존재로 인식하고 이 사회의 당당한 한 사람으로 건강하게 성장할 수 있도록 지원하고자 계속해서 전문성을 키우고자 노력할 것입니다.

Q 최근 학교폭력 관련 고민이나 학업 스트레스, 친구 관계 등 여러 가지 이유로 마음이 힘든 학생들이 많습니다. 이들에게 전하고 싶은 말씀이 있다면 부탁드리겠습니다.

아픔 없이 크는 꽃도 나무도 없듯이, 성숙한 어른으로 진정한 자신의 삶을 살기 위해서는 반드시 힘들고 어려운 상황에 맞닥뜨리게 되는 순간이 찾아옵니다. 혼자서 견뎌내기 힘들 땐 주위에 도움을 요청하기도 하고 어른들께 조언도 구할 수 있습니다. 나만 지금의 힘든 시기를 겪는다고 생각하지 말고 주어진 어려움이 다 다를 뿐, 모두가 힘든 고비가 있다는 것, 또 누구나 실수를 한다는 점을 잊지 말고 그 어려움에 집중하고 한층 성장할 수 있는 기회로 삼을 수 있길 바랍니다.

경제를 파헤치는 날카로운 눈

4

경제

과학의 이면

도대체 비트코인이 뭐예요?

?

Q 비트코인이 뭐예요?

> 요즘 어른들 사이에서 가장 많이 하는 질문 중 하나가 "비트코인 해?" 이 질문인 거 같아요. 도대체 비트코인이 뭐길래 이렇게 궁금해 할까요? 좋은 거면 저희도 해야 하나요?

돈이 무엇인지 알아봅시다

아주 먼 옛날에는 '돈'이 없었어요. 오늘날처럼 돈이 생기기 전에 사람들은 물건을 어떻게 샀을까요? 서로 가진 것 중에서 상대방이 필요한 것을 교환했는데. 이렇게 딱 맞는 사람을 찾기 쉽지 않잖아요? 그래서 누구나 좋아하고 필요로 하는 조개껍질이나, 쌀, 비단

조개 화폐

등을 이용해 사고팔았어요. 즉, 가치가 있는 물건들을 사용하여 교환하기 시작한 것이었죠.

그러나 조개껍질 등과 같은 물건도 완벽하게 그 시대의 경제 시스템을 돌아갈 수 있게 만들어주지는 못했어요. 이런 물물교환의 불편함을 없애고 신뢰할 만한 가치가 있는 대체품, 쉽게 가지고 다닐 수 있으며, 아무나 만들어낼 수 없는 것이 필요하게 되었지요. 그래서 조금 더 가치 있는 물물교환 수단인 '돈'이 생겨나게 되었어요.

신용카드는 왜 생겨 났을까요?

요즘에는 돈 대신에 신용카드만 갖고 다니는 사람들도 많은데요. 사실 선생님도 현금을 갖고 다니기보다는 체크카드나 신용카드를 훨씬 더 많이 사용하는 것 같아요. 그런데 신용카드는 통장

에 있는 돈이 바로 빠져나가는 체크카드와는 조금 달라요. 신용카드는 "지금은 돈을 안 내고, 나중에 낼게요.", "지금은 말고, 다음 달부터 나눠서 낼게요."와 같은 의미가 강하거든요. 그래서 지금 당장 돈이 없어도 물건을 살 수 있어요.

예를 들어, 20일이 월급날이라면, 그때까지 기다렸다가 필요한 물건을 사는 게 아니라, 신용카드를 이용해서 먼저 물건을 사고 나중에 월급을 받으면 갚는다는 뜻이지요. 이때, 우리는 믿음 즉 신용을 담보로 하여 카드 회사를 통해 물건을 구입할 수 있어요. 지금은 돈을 내지 않고 나중에 돈을 내야 하기 때문에 수수료를 내기도 한답니다.

하지만 지금 내지 않는다고 해서 안 내도 되는 돈은 아니에요.

반드시 갚아야 하는 돈이므로 무분별한 소비는 절대로 해서는 안 되겠죠. 신용카드도 결국에는 돈-화폐를 바탕으로 돌아간다는 것을 알 수 있어요. 이러한 신용카드와 같은 것을 우리는 전자 화폐라고 합니다. 또한 요즘 우리가 많이 쓰는 네이버페이나 카카오페이도 전자 화폐입니다. 전자 화폐는 법적으로 현금과 동일하게 쓰일 수 있어요. 그러나 가맹점에 가입되어 있어야지만 쓸 수 있다는 단점이 있죠. 교통카드도 전자 화폐 중 하나지만, 쇼핑몰에서 옷을 살 때 쓸 수는 없잖아요?

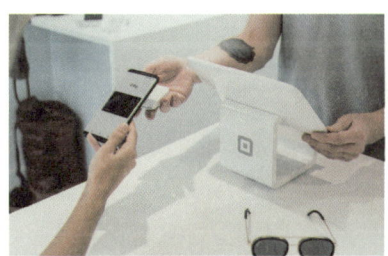
핸드폰으로 사용하는 다양한 페이

신용카드

학생들이 많이 사용하는 문화상품권

가상 화폐는 무엇일까요?

싸이월드의 '도토리'나 카카오톡의 '초코'나 네이버의 '네이버페이 포인트' 등을 들어본 적이 있나요? 이런 것들은 가상 화폐에요. 카카오톡의 '초코'는 카카오톡에서만 쓸 수 있죠? 싸이월드의 '도토리'도 싸이월드에서만 사용할 수 있어요.

이렇게 한국은행에서 발행하는 백 원짜리 동전이나 만 원짜리 지폐 같은 돈이 아니라 기업에서 발행하고, 그 기업 내에서만 사용이 가능한 것을 가상 화폐라고 합니다. 인터넷 쇼핑몰이나 백화점, 쇼핑센터에서 물건을 사게 되면 포인트를 주잖아요. 이러한 포인트도 다 가상 화폐에요. 그리고 어린이들에도 익숙한 게임머니도 다 가상 화폐에요.

게임머니가 몇천만 원이 있더라도 우리 현실에서도 그만큼 갖고 있는 건 아니잖아요? 실제로 존재하는 돈이 아니고 법적인 가치를 가진 돈도 아니지만 돈처럼 사용하는 것을 가상 화폐라고 합니다.

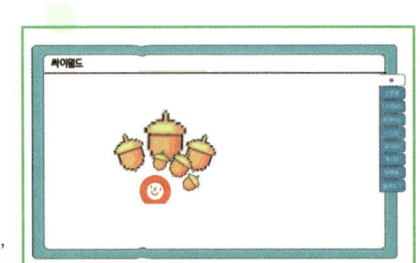
싸이월드의 '도토리'

네이버의 '네이버페이 포인트'

카카오톡의 '초코'

비트코인은 암호 화폐에요

암호 화폐도 실체가 없이 온라인상으로 거래되는 화폐인데, 화폐를 만들 때 암호화 기술을 사용한 화폐를 말해요. 비트코인을 주고받거나 하는 모든 거래는 블록체인이라는 곳에 저장되는데, 이곳에 저장될 때 아무도 풀 수 없는 암호처럼 저장해요. 블록체인은 디지털 신호라 눈으로 직접 볼 수 없지만, 그 모양을 레고를 길게 이어붙인 모양으로 상상해보세요.

그런데 이 블록체인은 한 사람이 갖고 있는 게 아니라, 모든 사람들이 똑같은 걸로 갖고 있어요. 거래를 10분마다 정리해서 블록에 저장시켜 기존의 블록체인에 연결하는데, 그때마다 모든 사람들에게 확인해서 저장해요. 거래가 일어나면 블록을 붙이는데, 이때 모든 사람한테 잘못된 게 없는지 확인을 해요. 그러니 해킹하려면 모든 사람의 블록체인을 바꿔야 하는데, 그건 도저히 불가능하잖아요.

비트코인의 가치?

2017년 비트코인의 1개 값은 835만 원이었고, 2022년에는 4,000만 원쯤 되었는데, 여러분이 글을 읽고 있는 지금 정확한 값은 몰라요. 왜냐하면 비트코인의 값은 언제 어떻게 변할지 알 수 없거든요. 예전에는 비트코인 1개의 가격이 8,000만 원쯤 된 적도 있었으니까요. 비트코인의 가격은 어떤 영향력 있는 한 사람의 말이나 좋은 소문, 나쁜 소문으로도 엄청나게 바뀔 수 있어요. 우리가 사용하는 돈의 가치가 쉽게 변하지 않는 것과는 정말 달라요. 그래서 투자하는 것이 쉽지 않아요.

비트코인은 위험한 한탕주의

혹시 한탕주의가 뭔지 아세요? 한 번에 큰돈을 얻거나 부자가 되겠다는 마음을 한탕주의라고 해요. 앞에서 이야기한 것처럼 비트코인은 처음보다 엄청 많이 올랐기 때문에, 화폐로서 물건을 사고팔기보다는 주식처럼 투자를 한다고 생각하는 사람이 많았어요. 그런데 비트코인의 값이 오를지, 떨어질지 잘 모르기 때문에 손해를 보는 사람들도 많죠. 자신의 돈으로 투자한 사람들도 많지만, 빌려서 투자한 사람들도 적지 않고, 비트코인뿐만 아니라 다른 암호 화폐에 투자한 사람들도 너무 많아졌어요. 돈을 많이 벌었다는 소문에 너도나도 비트코인을 시작했거든요.

결국 이런 암호 화폐의 특성상 엄청 크게 손해 보는 사람들이 너무 많아서 온 나라가 떠들썩했어요. 유명한 사람이 비트코인을 샀다고 하면 가격이 쭉 올라가고, 그 사람이 팔았다고 하면 가격이 쭉 떨어졌어요. 비트코인에 대해 공부를 열심히 한 사람들도 많지만, 몇몇 사람들은 왜 오르는 건지, 왜 떨어지는 건지도 모르고 돈을 벌기도 하고 잃기도 했지요. 그러니 엄청 불안하죠. 여러분들은 이런 불안감을 감당할 수 있나요? 못한다면 투자해선 안 되는 거죠. 어른들도 투자를 하더라도 책임질 수 있을 만큼만 해야 해요.

한탕주의 때문에 빛을 못 보는 대단한 기술

한 번에 부자가 되고자 하는 사람들 때문에 엄청난 문제를 일으키는 비트코인, 그러나 그 속에는 대단한 과학 기술이 숨어 있어요. 바로 앞서 설명한 블록체인 기술이죠.

블록체인 기술을 사용하면 관련된 모든 사람들이 똑같은 정보를 갖고 있기 때문에 해킹이 불가능하죠. 지금처럼 인터넷과 정보 기술이 발달한 시대에 해킹이 불가능하고 조작도 불가능하다는 것은 엄청난 기술이에요. 그리고 모든 거래 과정이 기록되기 때문에 투명한 금융거래가 가능하고요.

코로나-19 예방증명서 COOV도 블록체인 기술

코로나-19 예방증명서로 쓰인 COOV도 블록체인 기술로 만들었어요. 예방 접종을 안 했는데, 했다고 거짓말을 하거나, 예방 접종을 했는데, 나쁜 사람이 안 한 걸로 만든다면 절대로 안 되겠죠?

그래서 해킹이나 위조, 변조가 불가능한 블록체인 기술을 사용했어요. 앞으로 각종 공문서에 활용할 가능성이 높아요.

인터넷에 올린 사진이지만 복사하고 복사하고 복사해도 뭐가 진짜인 줄 알 수 있는 NFT

위의 사진은 선생님이 직접 찍은 사진 1장과 이것을 복사한 사진 2장입니다. 뭐가 직접 찍은 사진일까요? 잘 모르겠죠? 디지털 자료는 원본과 복사본이 똑같기 때문에 쉽게 구분할 수 없어요. 그런데 블록체인 기술을 사용하면 어떤 사진이 직접 찍은 사진인지, 첫 번째로 복사한 사진인지, 두 번째로 복사한 사진은 무엇인지 알 수 있어요.

3번째 사진이 선생님이 직접 찍은 사진이고, 나머지는 복사한 사진이에요. 이런 정보를 블록체인 기술로 공유하는 것이 NFT_{Non-Fungible Token}인데, 원본이 무엇인지 알 수 있기 때문에 다른 것보다 가치가 높아져요.

비트코인은 미래를 향한 새로운 열쇠

비트코인을 단지 투자로 생각하는 것은 위험천만한 일이에요. 그러나 비트코인에 쓰인 기술을 전 세계를 위해서 활용한다면 미래가 바뀔 수 있어요. 앞으로는 컴퓨터, 휴대폰, 태블릿 PC 등에 훨씬 더 많이 쓰게 될 거예요. 주민등록번호나, 지문, 홍채_{눈으로 잠금장치를 하는 홍채 인식}, 계좌 정보 등 개인정보를 보호하기 위해서 더 많이 애써야 해요. 소중한 개인정보가 유출되면 큰 손해를 입을 수 있거든요.

어쩌면 이런 불안한 미래를 조금 더 안전하게 맞이할 수 있는 게 블록체인 기술이에요. 비트코인을 위험하게만 사고팔 게 아니라, 미래로 나아갈 수 있는 새로운 기술로 바라보는 게 필요해요.

세계 최초의 NFT 서비스 '크립토키티'를 소개합니다

크립토키티는 가상의 공간에서 고양이를 수집하고 키우는 게임이에요. 세상에서 단 하나뿐인 나만의 고양이가 있는 거예요. 바로 NFT로 발행이 된 고양이거든요. 다른 고양이와 교배를 시키면 또 새로운 고양이가 태어나요. 이 새로운 고양이가 귀엽고 깜직하고 사랑스러울수록 사람들은 갖고 싶을 거예요. 그럼 비싸게 거래될 수 있겠죠. 실제로 2022년에 크립토키 드래곤은 약 9억 원의 가격이 책정되어 있답니다.

 함께 살펴보면 좋아요

교과서 6학년 1학기 《사회》 2단원 〈우리나라의 경제 발전〉
바람직한 경제 활동과 경제 성장 과정에서 나타난 문제점을 공부할 때 함께 살펴보아요.

> 배달 알고리즘

로켓 배송은 어떻게 그렇게 빠르게 도착할 수 있나요?

?

Q 로켓 배송을 들어보았나요?

엄마가 밤 10시 59분에 핸드폰 어플로 주문하신 영덕 대게가 다음 날 아침 7시에 우리 집 현관문 앞에 "띵동!" 소리와 함께 도착해요. 어떻게 멀리 있는 영덕 특산물인 싱싱한 대게가 하루도 걸리지 않은 시간에 우리 집으로 빠르게 도착할 수 있었을까요?

로켓 배송, 샛별 배송, 새벽 배송

쿠팡의 '로켓 배송', 마켓컬리의 '샛별 배송'에 대해 들어보았나요? 쿠팡의 '로켓 배송'은 밤 12시 전에 주문하면 다음 날 오전에 우리 집 현관 앞으로 배달이 됩니다. 마켓컬리의 '샛별 배송'은 밤 11시 전에 주문하면 다음 날 오전 7시까지 배달이 완료됩니다. 최근, 이마트 SSG의 '새벽 배송', 코스트코의 '얼리 모닝 딜리버리', 11번가의 '슈팅 배송' 등과 같이 평일 자정까지 주문한 상품을 다음 날 바로 받아볼 수 있는 익일 배송 서비스가 유행이에요. 처음에는 수도권만 가능했던 로켓 배송, 샛별 배송, 새벽 배송이 전국으로 확대되고 있어서, 우리가 편리하게 이용을 하고 있어요.

전날 주문한 상품이 다음 날 오후에 배송이 되는 택배가 아니라, 전날 주문한 상품이 다음 날 오전에 배송이 되는 로켓 배송, 새벽 배송이 이제는 당연한 말이 되었어요. "빨리빨리"를 입에 달고 사는 우리나라 사람들답지요.

로켓 배송, 쿠팡

로켓 배송으로 잘 알려진 쿠팡은 2010년 직원 7명으로 출발한 아주 작은 회사였어요. 우리가 인터넷으로 상품을 구매할 경우를 생각해봅시다. G마켓이나 옥션, 11번가 사이트에서 상품을 주문해요. 그러면, 판매하는 회사에서 고객이 주문한 상품을 택배 회

사에 보내지요. 그리고 택배 회사에서 그 상품을 우리에게 배송하여 1~4일 뒤에 우리가 받아볼 수 있어요.

 반면에, 쿠팡은 우리가 주문한 바로 다음 날 물건을 받아볼 수 있는 '로켓 배송'이 가능했어요. 쿠팡에서는 상품을 미리 직접 사들여서 물류창고에 보관했다가 주문자에게 발송하는 시스템을 갖춰 나갔기 때문이지요. 전국 곳곳에 쿠팡 물류창고를 세웠고, 쿠팡의 배송 전문 기사인 쿠팡맨도 채용했어요. 이런 발 빠른 서비스 덕분에 쿠팡은 시장을 빠르게 장악했고, 어느덧 우리나라 1위 온라인 유통 기업 회사가 되었답니다. 유통은 상품이 생산자에서 상인을 통해 소비자에게 전달되는 것을 말해요.

　우리는 빠르게 배송을 받아 참 편리하고 행복하지만, 회사마다 로켓 배송, 새벽 배송 경쟁이 갈수록 심화되고 있어요. 택배 기사님의 수고로움이 나날이 갈수록 심해지고, 넘쳐나는 택배의 물량에 비해 택배 기사의 수가 턱없이 적다고 해요. 그래서 많은 택배 기사님들이 힘든 시기를 겪고 있다고 해요.

빠른 배송의 시작, 미국의 아마존

　빠른 배송이 최초로 시작된 곳은 미국의 아마존이라는 회사에요. 미국은 우리나라의 100배에 가까운 크기의 땅이에요. 이런 큰 땅의 미국에서 바로 쿠팡의 로켓 배송처럼 빠른 배송이 시작되었다니 놀랍지 않나요? 아마존은 2005년에 '아마존 프라임' 회원 제도를 만들었고, 회원들에게는 무료로 이틀 배송을 시작했어요. 상품을 주문하고 단 2일 만에 상품을 받는 것이었어요. 그 당시에는 엄청나게 놀라운 일이었지요. 지금은 미국의 지역과 상품에 따라서 당일 배송이나 2시간 안에 배송도 가능하다고 해요.

　그렇다면 아마존 회사에서 어떻게 빠른 배송이 가능했는지 알아볼까요? 보통 유통 회사에서는 '어느 지역에 사는 고객들이 언제, 어떤 상품을, 몇 개를 주문할지'에 대해서 늘 생각을 하고 있답니다. 그리고 상품을 보관할 수 있는 큰 창고에 고객들이 주문할 물품들을 미리 사두어서 보관해두죠.

그런데 고객들이 주문할 물품을 얼마나 확보하는지는 엄청나게 어려운 문제입니다. 상품을 너무 많이 확보해두면 보관 장소, 보관 비용도 문제지만 팔리지 않을 경우 엄청나게 손해를 볼 수밖에 없기 때문이지요. 그렇다고 상품을 너무 적게 확보해두면, 보관 비용은 줄일 수 있어요. 하지만 상품이 빠르게 다 팔릴 게 될 경우는 품절이 되어 환불을 해주거나, 배송이 늦어 소비자를 실망시키게 되지요.

이러한 고민과 문제들을 해결한 회사가 바로 미국의 아마존 회사에요. 다른 회사에서는 사람의 느낌으로 막연하게 상품 구매량을 예측을 했어요. 예를 들어, 2월 14일 밸런타인데이를 앞둔 상황이라면, 1월 초부터 '이번 해는 초콜릿이 얼마나 팔릴까?', '사람들이 어떤 종류의 초콜릿을 찾을까?' 예상을 하며 초콜릿을 미리 사두어서 보관했어요.

그런데 이러한 느낌만으로 상품 구매량을 막연하게 예측을 하다 보니, 어떨 때는 그 예측이 딱 맞아 준비한 초콜릿 개수가 맞을 때도 있고, 어떨 때는 준비한 초콜릿이 다 팔리지 않아 초콜릿을 버리게 되는 때도 있으며, 또 어떨 때는 준비한 초콜릿이 부족해 환불을 해주기도 했었어요. 이렇듯 예측을 잘못하면 한 해 장사를 망치게 되는 거였지요.

아마존의 물류창고와 무인판매를 하는 아마존 고

하늘길을 이용한 드론 배송

　드론 배송을 들어보았나요? 2022년 아마존 회사에서는 드론 배송까지 시작했어요. 아마존으로 물건을 주문하면 20~30분 만에 집 앞으로 배송할 수 있어요. 아마존 회사에서 사용하는 드론은 장애물이 있는지 확인하고 스스로 피할 수도 있어요. 드론 배송은 차가 막히는 도로 교통 체증 같은 문제도 없고, 고객들이 원하는 정해진 시간과 장소에 물건을 받아볼 수 있는 큰 장점이 있어요.

　아마존 회사에서는 10년 전부터 획기적인 드론 배송을 준비했고, 2016년 영국에서 드론 시범 배송에 성공했어요. 그러나 미국에서는 안전 문제로 계속 늦춰지다가, 미국에서도 최근 드론 배송을 시작했다고 해요. 드론 배송은 탄소 배출이 적고 운송 비용도 저렴하고, 특히 도로 교통량도 줄일 수 있어서 장점이 많아요. 아마존 회사는 미국에 140개가 넘는 물류창고를 세울 예정이고, 한 해마다 5억 개의 상품을 드론으로 배송할 계획이라고 밝혔어요. 앞으로 드론 배송의 시대가 열리는 것이지요.

최근 우리나라에서도 CU 편의점이 최초로 드론 배달을 했어요. 2022년 7월, 강원도 영월군에 있는 CU 편의점에서 첫 번째 드론 배달이 시작되었다고 합니다. 하늘길을 이용한 드론 배송, 꼭 활성화되기를 간절히 바랍니다!

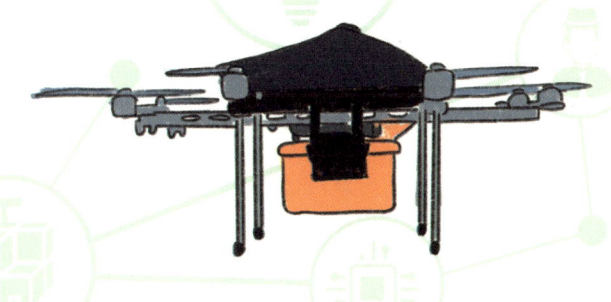

아마존의 인공지능 기술

반면에 아마존 회사에서는 다른 회사처럼 이렇게 막연한 예측을 하지 않고, 인공지능AI 기술을 통해 자료와 데이터를 분석하기 시작했어요. 사람들이 인터넷에 검색하는 것, 사람들이 물건을 구매하는 것과 관련된 자료와 데이터를 실시간으로 모았고, 인공지능 기술로 신속하게 분석을 했어요. 인공지능으로 분석한 결과를 통해 사람들이 구매할 예정인 상품을 확보하여 미리 창고에 상품을 보관하였고, 판매하고 배송했어요.

사람의 막연한 예측이 아니라 인공지능의 정확한 분석을 통해 상품을 팔고 배송을 하기 시작한 것이지요. 주문이 들어오면, 아마존 회사의 인공지능은 배송지, 물품창고에 있는 물건 개수, 교통량을 분석해서 가장 빨리 배송이 가능한 물류창고를 선택해준다고 해요.

아마존의 물류창고와 키바 로봇

아마존 회사는 미국의 북쪽에만 큰 물류창고가 100개 넘게 있다고 해요. 우리나라에서도 고속도로를 지나다 보면, 쿠팡 물류창고를 볼 수가 있잖아요? 이런 물류창고를 아마존 회사에서는 지역마다 만들어서 물건을 보관했어요.

그뿐만 아니라, 아마존 회사에서는 '키바Kiva'라는 로봇을 사용해요. 키바 로봇은 인공지능을 활용한 로봇인데, 힘이 매우 좋아서 약 340kg의 물건을 실어 나를 수 있다고 하지요. 키바 로봇을 물류창고에 사용하여, 사람의 작업을 훨씬 수월하게 도와주고 있다고 해요.

> **물류창고**
>
> 생산자와 소비자 사이에서 물건을 주고받을 수 있도록 통제하고 관리하는 곳입니다. 혹시 부모님이 택배를 기다리다가 배송 조회를 하는 것을 본 적이 있나요? 우리 집과 가까운 곳에서 보낸 물건이 멀리 돌아오기도 하는데, 물건을 관리하기 위해 물류창고에 모았다가 보내기 때문입니다.

아마존 회사의 트레이시 센터Tracy center라는 물류창고는 축구장의 30배에 해당하는 크기의 엄청나게 큰 창고이고, 1,500명의 직원과 3,000대의 키바 로봇이 함께 일하고 있다고 해요. 2,000만 개

가 되는 상품을 이 물류창고에 보관하고 있다가, 아마존 고객들에게 하루에 배달되는 물건만 70만 개가 넘는다고 하니 엄청나지요?

인터뷰 쿠세권에 사는 다둥이 아빠
　　　　김경석

저는 아이가 세 명이에요. 식구가 많다 보니 물건을 사는 일이 많답니다. 저와 아내가 낮에는 일을 해야 하니 쇼핑을 할 수 있는 시간이 많지 않아요.

그래서 집 앞 마트가 닫혀 있을 때나 급히 물건이 필요할 때, 쿠팡을 자주 이용해요. 밤에 주문한 물건도 그다음 날 아침에 받아볼 수 있어서 참 좋아요. 그리고 벌교 꼬막이나 제주 한라봉과 같이 그 지역에서만 나는 특산물도 바로 배달되어 좋은 것 같아요. 요새는 쿠팡의 로켓배송 서비스가 이루어지는 지역을 쿠세권쿠팡+역세권이라고도 부른답니다.

 함께 살펴보면 좋아요

교과서 4학년 2학기 《사회》 2단원 〈필요한 것의 생산과 교환〉
교류하며 발전하는 우리 지역을 공부할 때 함께 살펴보아요.
교과서 4학년 2학기 《사회》 3단원 〈사회 변화와 문화 다양성〉
정보화로 나타난 생활 모습을 공부할 때 함께 살펴보아요.

인물탐구

이 시대의 경영자
시계를 타임피스라고 부르는 사람
김형수

시계는 영어로 'watch'입니다. 그런데 시계를 '타임피스timepiec'라고 부르는 사람들이 있습니다. 시간의 평화? 평화로운 시간? 왜 그렇게 부르는지 궁금한데 같이 한번 알아볼까요?

Q 시계를 타임피스라고 부르는 이유가 뭔가요?
타임피스는 평화로운 시간이라는 뜻인가요?

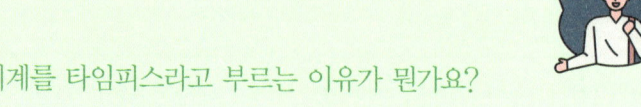

타임피스는 'clock'과 같이 시계를 뜻하는 또 하나의 영어 단어입니다. 손목시계, 벽시계 등 모든 종류의 시계를 나타내는 단어입니다. 조금 올드한 느낌의 단어여서 많이 쓰지 않습니다. 손목시계는 'watch'라는 단어를 사용하고 그 외 벽시계 등은 대부분 'clock'이라는 단어를 사용합니다. 요즘은 손목시계 브랜드는 모두 'watch'를 사용하는데 이원Eone이라는 회사는 이 트랜드에 따르지 않고 타임피스라는 단어를 사용했습니다. 그 이유는, 'watch'라는 단어는 '보다'의 뜻이 있는데 이원이 디자인한 시계들은 보지 않고 만져서 시간을 알 수 있기 때문입니다.

Q 브래들리 타임피스에 대하여 간단히 소개해주세요

이원의 브래들리는 시침, 분침으로 시간을 나타내는 다른 시계들과 달리 두 개의 구슬이 시간을 나타내줍니다. 앞 표면에 돌아가는 구슬은 분을, 옆에 돌아가는 구슬이 시를 나타냅니다. 시각장애인분이 사용할 경우 손으로 이 두 구슬들을 만져서 시간을 알 수 있고 시각장애가 없는 분들은 구슬의 위치를 보거나 혹은 만져서 시간을 알 수 있습니다.

Q 그럼 모든 시계가 타임피스인가요?
이원에서 만든 것만 타임피스인가요?

모든 시계는 타임피스라고 불릴 수 있습니다. 다만 대부분의 손목시계 브랜드들이 그 단어를 사용하지 않고 'watch'라는 단어를 사용하고 있을 뿐입니다.

Q 왜 시각장애인이 아니라 모두를 위한 타임피스인 건가요?
보통 시각장애인을 위한 물건을 만들 때 시각장애가 있는 분들만을 위한 물건을 만들려고 노력합니다. 시각장애인분들이 사용하기 쉬운 물건들은 뭔가 달라야 하고 그분들만을 위한 물건이어야 좋아할 거라고 생각하기 때문입니다. 하지만 그렇지 않습니다. 시각장애가 없는 사람들과 똑같은 물건을 사용하고 즐길 수 있을 때 서로가 똑같음을 느낄 수 있죠. 서로가 다름을 강조하는 물건들은 "우리는 서로 다르구나."라는 생각을 하게 만듭니다. 그래서 이원은 모두가 똑같이 사용할 수 있는 모두를 위한 물건을 만들고 싶었습니다.

Q 너무나 궁금한 게 있습니다.
보통의 시계에서 짧은 바늘이 시침, 긴 바늘이 분침이잖아요. 타임피스도 가운데 작은 부분이 시침, 테두리의 큰 부분이 분침이 될 것 같은데, 왜 반대로 가운데 부분이 분침이고, 큰 테두리 부분이 시침인가요?

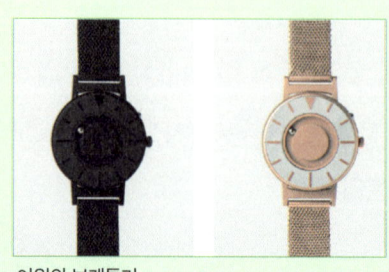

이원의 브래들리

브래들리를 디자인하면서 어려웠던 부분이 시침 구슬과 분침 구슬을 둘 다 시계 위 표면에 나타내기가 어려웠습니다. 둘 중에 하나만 표면 위에 나타낼 수 있었는데, 보통 시간을 체크할 때 시보다는 분을 체크하는 게 더 중요하다는 걸 알았습니다. 보통 몇 시인지는 알고 있는데 분을 알기 위해 시간을 체크하는 경우가 대부분이거든요. 그래서 시를 나타내는 구슬 대신 분을 나타내는 구슬을 표면 위에 돌아가게 해서 시계를 만졌을 때 분을 더 빨리 알 수 있게 했습니다.

Q 타임피스를 만드시면서 가장 즐거웠던 순간과 어려웠던 순간은 언제였나요? 어려움이 생기셨을 때, 그 일을 어떻게 해결하실 수 있으셨나요?

시각장애가 있으신 분들이 어떠한 물건을 좋아하는지 배우는 과정이 가장 힘들었습니다. 그 이유가 시각장애인분들과 대화하고 같이 시간을 보낼 수 있는 기회가 많지 않았기 때문입니다. 이 문제를 해결하기 위해서 시각장애인 학교와 단체에서 많이 대화하며 시간을 보냈습니다.

Q 이원은 어떤 회사인가요?

이원은 '모두'를 뜻하는 'Everyone'을 줄여서 만든 이름으로 특정 사람들만을 위한 물건을 만드는 회사가 아닌 모두가 같이 사용할 수 있는 물건을 디자인하고 만드는 회사입니다.

Q 회사를 경영하시면서 가장 가치를 두고 계시는 것은 무엇인가요?

본인과 다른 생각과 가치관을 가지고 있는 사람들과 함께 고민하고 논의하는 걸 중요하게 생각합니다. 다른 생각을 이야기하고 논의를 했을 때 그 전에 누구도 생각해보지 못했던 참신한 아이디어와 해결책이 구해지는 경우가 많기 때문입니다.

Q 김형수 창업자님은 발명가인 동시에 창업자(경영자)이시죠? 발명을 하는 것과 회사를 경영하는 것은 어떻게 다른가요?

발명을 하는 것은 물건을 하나 만드는 것이고 회사를 경영하는 것은 더 많은 사람들이 본인이 만든 물건들을 사용할 수 있게 하는 일입니다. 발명은 얼마든지 혼자서도 할 수 있습니다. 하지만 회사는 혼자서는 키울 수 없고 많은 사람들과 같이 일하고 이야기할 수 있어야 합니다.

Q 이원이 더 큰 회사로 나아가기 위해서 앞으로 어떤 발명이나 제품을 만들고 싶으신가요?

상장 회사가 되기 위해서는 이원이 지금보다도 훨씬 더 커져야 합니다. 그러기 위해서는 더 많은 제품을 만들어내야 합니다. 지금은 손목시계 디자인에만 집중하고 있지만, 앞으로는 다양한 시계로 확장하고 싶습니다.

Q 들리는 이미지 어떻게 시작하신 거예요?
어떻게 참여할 수 있을까요?

대부분의 SNS에서는 이미지를 올리는데 시각장애인분들은 이 이미지에 대한 정보를 알기가 어렵습니다. 그래서 '들리는 이미지'를 시작했습니다. SNS에 올리는 이미지에 대한 설명을 서술해서 같이 올리면 이미지를 볼 수 없는 분들도 같이 즐길 수 있습니다. 참여는 이원코리아 www.eone-time.co.kr / hello@eone-time.co.kr에 문의를 하시면 됩니다.

Q 회사를 경영하고 싶은 학생들에게
하고 싶은 말이 있으시면 하나 이야기해주세요.

회사 경영은 다른 생각과 의견을 갖고 있는 많은 사람들을 설득해서 회사를 만들고 키우는 거예요. 그러기 위해서는 자기 의견만 고집하지 않고 언제나 다른 사람 의견이 더 좋을 수 있다는 생각을 하고 있어야 되요. 그렇지 못하면 자기 생각의 틀과 범위에 갇혀 새로운 아이디어를 찾아낼 수 없어요. 자신과 다른 주장을 펴는 사람이 있다면 배척하지 말고 오히려 관심을 갖고 이야기를 들어보길 바라요.

출처

- 105쪽 국립중앙박물관